福祉事務所運営論
［第4版］
宇山勝儀・船水浩行 編著

ミネルヴァ書房

第4版　まえがき

　本書の初版が発刊されてから10年，前回改訂から5年になります。多くの皆様にご支援を頂いてまいりましたこと，お礼申し上げます。

　さて，前回改訂後，初版から本書の編集を担ってこられた宇山勝儀先生がご逝去なさいました。皆様にご報告申し上げます。また，改めまして，宇山先生が，生前，わが国の社会福祉の実践，教育，研究に果たされた数々のご業績に敬意を表すると共に，謹んでご冥福をお祈り申し上げます。

　前回改訂後，福祉事務所とその設置自治体には，多くの課題が投げかけられるようになりました。生活保護の不正，不適正な受給等を踏まえての「適正実施の推進」，稼動層急増を踏まえての一層の「就労，自立支援の充実」，さらには「子どもの貧困対策の推進に関する法律」「生活保護法の一部を改正する法律」「生活困窮者自立支援法」等の成立と実施等です。

　本書は，福祉事務所やその運営に関す知識を理論と実践等の視点も組み込み，体系的にまとめて参りました。今回は，この趣旨と上記の動向等も踏まえつつ，一部章立ても組み替え，改訂することといたしました。

　今後とも，皆様の助言と支援を得つつ，改訂をと考えております。忌憚のないご意見等をご提示ください。

　なお，今回改訂でもミネルヴァ書房編集部音田潔氏に多大の支援をいただきました。厚くお礼申し上げます。

　2015年12月

　　　　　　　　　　　　　　　　　　　　　　　　　　船水　浩行

第3版 まえがき

　本書の初版が出てから6年近くになります。この間多くの諸賢のご支援を得てきたことに感謝します。
　行政は，日々変化する社会的期待に応えるため，法制度の整備，行政運営の適法性や適切性の確保などの責を担っています。それは福祉行政とて同じであり，その中核的現業機関としての福祉事務所ではなおさらのことです。
　福祉事務所に勤務する福祉行政担当者は，社会福祉行政のプロとして福祉事務所の社会的責務を認識した日常の行政活動が望まれています。
　本書は，福祉事務所運営に関する体系的知識を理論と実践の視点で組み込み，体系的な専門書として編集しました。
　さらに，第3版では近時福祉事務所の業務の中で目立つ「自立支援」に関する事項を新しく取り込むとともに，5年ぶりに国が公表した「福祉事務所現況調査」の結果等についてもそのいくつかを組み込み，さらに労働行政と福祉行政のコラボレーションが目立つ「ワンストップ・サービス・デイ」の動向に触れるとともに，福祉事務所が将来的に自立支援センターを運営指針としていく予感にも触れました。
　今回，一部の執筆者に変更がありますが，すべて気鋭の執筆者であることに変わりはありません。今後とも，読者諸氏の助言と支援を得つつ，読者主義に徹してまいりたいと思います。
　なお，第3版でもミネルヴァ書房の音田潔氏の大きな協力を得ました。特記して謝意を表します。

　　2010年12月

　　　　　　　　　　　　　　　　　　　　　　　　　　宇山　勝儀

第2版　まえがき

　福祉サービスの増大化と多様化で，制度を利用する市民からは，福祉事務所の果たす機能に大きな期待がよせられています。社会福祉の専門家を目指す者にとって，いまや福祉事務所の組織，業務，機能，課題等に関する学習は欠かせないものとなっています。

　本書は，国が定めるこの教科に関するシラバスに準拠しつつ，実務的な学習が可能なように編集，執筆したものです。初版では，幸い多くの方々にご利用いただき，感謝しています。

　しかし，本書の初版では，読者諸氏のニーズを十分に把握しきれなかったことや，各章間での記述の重複について十分調整する時間的ゆとりがなかったため，利用される方々にご迷惑をおかけしたことを厳しく受け止めております。

　第2版の編集および執筆ではこの反省を生かし，教育現場でご利用の諸先生方のご意見をいただき，指摘された諸事項について検討と補訂を加えました。

　また，福祉事務所の運営における民生（児童）委員の協力体制は，欠くことのできないものであることから，改訂版では，福祉事務所運営論の学習での実務的視点を補強するため，新たに「福祉事務所の運営と民生（児童）委員」の章を追加しました。

　読者諸氏のご叱声やご指摘をお寄せいただき，これからも読者主義を重視した編集に徹していきたいと考えております。なお，第2版でもミネルヴァ書房の音田潔氏の大きな協力を得た。特記して謝意を表します。

　　2007年8月

　　　　　　　　　　　　　　　　　　　　　　　　　　　宇山　勝儀

ま え が き

　福祉事務所制度が創設されて、半世紀をこえた。戦後の窮乏のなかで生まれたこの制度は、生活保護を中心に国民の最低限度の生活水準の確保に大きな貢献をしたといえる。

　しかしこの間、福祉事務所の運営をめぐる行政環境は様々に変転し、その都度福祉事務所運営のあり方が問われつづけてきた。福祉事務所業務の単法から六法へ、福祉事務所の所管業務の都道府県から市町村への移管、保護の適正化指導にゆれた業務運営、福祉諸法の整備・充実と福祉事務所業務の増大・複雑化、保健・医療・福祉の連携を指向した組織編成等はその例である。そして今、新しい時代の行政や社会福祉のあり方に向けて、福祉事務所の運営も一つの転機を迎えようとしている。

　福祉事務所の運営に大きな影響を与えた最近の行政動向は、「地方分権」と「社会福祉の基礎構造改革」である。地方分権では、半世紀の間社会福祉行政を支配してきた「機関委任事務」が廃止され、国と地方公共団体との事務分担は、「法定受託事務」と「自治事務」により構成された。また自治事務領域の相対的拡大と地方財政の自立化の課題は、これからの地域福祉行政のあり方にも大きな影響を与えている。

　福祉事務所は、地域福祉行政における中核的行政機関であり、住民に最も近い社会福祉の総合的行政センターでもあって、その機能の総合性、その事務処理の現場完結性と迅速性は、つとに住民の期待するところである。しかし行政が完全にこの期待に応えるには、多くの課題をクリアしなければならないことから、いずれの地方公共団体でも、福祉事務所運営のあり方について検討を続けている状況にある。

まえがき

　本書では，福祉事務所の運営を取り巻く行政環境の変化，福祉行政の目的と使命，それを実践するための福祉事務所の組織体制と機能，福祉事務所制度の歴史，関連法制度および福祉事務所の運営における専門職制度や事務事業の展開における福祉援助技術，さらには福祉事務所運営の今日的課題等について概説した。

　本書は，各章ごとに分担して執筆したため，一部に重複のみられるものもある。これは各章が独立した完結性をねらった結果であり，調整は行ったもののやむをえなかったこととご宥恕願いたい。もし著しい調整不十分な部分があったとすれば，それは編者の力量の不足によるものである。

　今回の執筆では，若手気鋭の研究者の協力を得た。そのなかには福祉行政の実務経験のある人や実際にこの教科等で教育を担当している教員にも参画していただき，読者，教員ともに利用しやすいものとするための調整を行った。また本書の編集では，福祉系大学はもとより，専門学校等での教科書として，また地方公共団体等で実施する社会福祉主事任用資格取得のための「講習会」や地方公務員の現任訓練のテキストとしても利用しやすいように心がけたつもりである。今後，関係各位のご指導やご叱声を得て，バージョンアップを図りつつ寿命の長い専門書としての地位を得たいと願っている。

　本書の執筆では，編者のわがままを種々聞きとどけてくれた，ミネルヴァ書房の音田潔氏に謝意を申し上げる。

　　2005年9月

　　　　　　　　　　　　　　　　　　　　　　　　　宇山　勝儀

目　　次

第4版　まえがき
第3版　まえがき
第2版　まえがき
まえがき

第1章　現代社会と福祉事務所の運営 ── 1

1　福祉事務所を取り巻く環境の変化　2
  1）社会福祉の対象者とニーズの変化　2
  2）社会的サービスへの依存の拡大　2
  3）地域性・総合性・迅速性への期待　3
2　社会福祉の目的と福祉事務所の運営　5
  1）社会福祉の目的ないし使命　5
  2）自立支援と福祉事務所の運営　6
  3）社会統合と福祉事務所の運営　8
3　社会福祉行政の執行と福祉事務所の運営　10
  1）実施責任と実施権限　10
  2）福祉事務所における業務執行体制　11

第2章　福祉事務所の成立と歴史的展開 ── 15

1　福祉事務所，社会福祉主事と生活保護法　16
2　現行生活保護法の制定と社会福祉主事制度の創設　17
  1）旧生活保護法の制定と課題　17
  2）現行生活保護法の制定　23
3　社会福祉事業法制定──福祉事務所制度の発足　26
  1）社会福祉事業法制定の背景　26
  2）社会福祉事業法制定の経緯　26
  3）社会福祉事業法制定経過にみる福祉事務所発足時点での課題点　32
  4）福祉事務所と社会福祉主事発足の意義　35

4　福祉事務所制度の展開（1）　35
　　　1）　発足から昭和30年代前半　35
　　　2）　昭和30年代後半から昭和40年代　37
　　　3）　昭和50年代から昭和60年代　44
　　5　福祉事務所制度の展開（2）　44
　　　1）　福祉関係八法改正と福祉事務所　45
　　　2）　介護保険法制定と福祉事務所　46
　　　3）　地方分権一括法制定に伴う事項　46
　　　4）　社会福祉基礎構造改革と福祉事務所　47

第3章　福祉事務所の業務と組織 ―― 51
　　1　福祉事務所の組織――社会福祉法による組織体制とその趣旨　52
　　　1）　福祉事務所の設置（社会福祉法14条1～4・7～8項）　52
　　　2）　福祉事務所の所掌事務（社会福祉法14条5・6項）　54
　　　3）　福祉事務所の組織（社会福祉法15条）　56
　　　4）　福祉事務所の所員数（社会福祉法16条）　56
　　　5）　所員の服務（社会福祉法17条）　57
　　2　福祉事務所の業務――福祉事務所業務の実際　58
　　　1）　福祉事務所の専門職種　58
　　　2）　福祉事務所の標準的組織と業務　59
　　　3）　大事務所制と小事務所制　61
　　3　福祉事務所運営指針　63
　　　1）　福祉事務所の基本的な役割　63
　　　2）　福祉事務所の特色　64
　　　3）　福祉事務所の業務管理　65
　　　4）　援助における専門性　65
　　4　福祉事務所の組織と業務の今日的課題　65
　　　1）　福祉事務所における本来業務の縮小と非現業機関化　66
　　　2）　現業員等における有資格者の確保　66

第4章　福祉事務所と関係社会資源との連携 ―― 71
　　1　連携の意義と効果　72

　　　　1）連携の意義　72
　　　　2）連携の目的と範囲の明確化　73
　　2　福祉行政機関との連携　74
　　　　1）身体障害者更生相談所　74
　　　　2）知的障害者更生相談所　74
　　　　3）児童相談所　75
　　　　4）婦人相談所　75
　　3　保健・医療機関との連携　76
　　　　1）保　健　所　76
　　　　2）医療機関　76
　　4　施設との連携　77
　　5　地域社会資源との連携　79
　　　　1）社会福祉協議会　79
　　　　2）人的資源・各種協力員の活用　80
　　　　3）地域住民およびボランティア　82

第5章　福祉事務所の運営と民生委員の役割 ─── 85

　　1　福祉事務所運営面における民生委員の位置づけ　86
　　　　1）民生委員（児童委員・主任児童委員）制度の概要　86
　　　　2）協力機関の概要　87
　　2　福祉事務所運営と民生委員活動の実際　89
　　　　1）生活保護制度と民生委員活動　89
　　　　2）民生委員活動と個人情報　91

第6章　福祉事務所の専門職員とその役割 ─── 93

　　1　福祉事務所に配置される査察指導員　94
　　2　福祉事務所におけるおもな専門職員とその業務　95
　　　　1）面接相談員　95
　　　　2）身体障害者福祉司　95
　　　　3）知的障害者福祉司　96
　　　　4）老人福祉指導主事　96
　　　　5）生活保護事務担当の査察指導員　96

6）現業員　*97*
　　　7）福祉事務所における現業員と査察指導員の関係　*98*
　　3　福祉事務所職員に対する現任訓練　*99*
　　　1）福祉事務所職員に対する現任訓練の意義と必要性　*99*
　　　2）福祉事務所現任訓練の体系　*100*
　　　3）福祉事務所現任訓練の内容　*101*

第7章　社会福祉主事の専門性と倫理 ── *103*

　　1　社会福祉領域における専門性の位置　*104*
　　　1）専門性の社会的受容の基準　*104*
　　　2）社会福祉主事の地位の二重性　*105*
　　2　社会福祉主事任用資格と専門学習内容　*107*
　　3　社会福祉主事の業務と社会福祉援助実践の原理　*107*
　　　1）社会福祉援助実践の原理の位置づけと構成　*107*
　　　2）全体性の原理　*109*
　　　3）社会性の原理　*110*
　　　4）主体性の原理　*110*
　　　5）現実性の原理　*111*
　　4　社会福祉主事の業務と倫理　*112*
　　　1）社会福祉主事の倫理規範の二重構造　*112*
　　　2）ソーシャルワーカーの倫理規範　*113*
　　　3）地方公務員の倫理規範　*123*

第8章　社会福祉主事の業務と社会福祉援助技術の展開 ─ *129*

　　1　社会福祉援助技術の基本要素　*130*
　　　1）社会福祉援助の基本的視点　*130*
　　　2）利用者と援助者の専門的援助関係　*131*
　　　3）社会福祉援助技術の機能と役割　*132*
　　2　社会福祉援助技術の体系と方法　*133*
　　　1）社会福祉援助技術の歴史　*133*
　　　2）社会福祉援助技術の体系と種類　*136*
　　　3）社会福祉援助技術の内容　*138*

3　社会福祉援助技術の展開過程　*143*
　　　1）社会福祉援助過程の基本的枠組み　*143*
　　　2）社会福祉援助技術の展開過程　*143*
　　4　対人援助実践とバイスティックの7原則　*146*
　　　1）社会福祉援助技術の基本的原理　*146*
　　　2）社会福祉援助技術の原則　*146*
　　5　ケアマネジメントの意義と実践　*149*
　　　1）ケアマネジメントの発展過程と意義　*149*
　　　2）ケアマネジメントの構造　*151*
　　　3）ケアマネジメントの援助過程　*152*
　　　4）行政におけるケアマネジメントの導入　*154*

第9章　福祉事務所の業務に関する法制度 ─── *157*
　　1　無料定額宿泊所　*158*
　　2　生活保護制度　*159*
　　　1）目　的　*159*
　　　2）生活保護法の基本原理　*160*
　　　3）運用上の原則　*161*
　　　4）保護の種類　*163*
　　　5）保護の実施　*163*
　　3　ハローワークのナビゲーター　*164*
　　4　児童手当　*164*
　　　1）目　的　*164*
　　　2）支給要件　*165*
　　　3）実施機関と支給手続　*166*
　　　4）支　給　額　*166*
　　　5）支払期月　*167*
　　5　児童扶養手当　*167*
　　　1）目　的　*167*
　　　2）支給要件　*168*
　　　3）実施機関と支給手続　*169*
　　　4）手　当　額　*169*

5）支給期月　170
　　6　生活保護受給者等就労自立促進事業　170
　　7　就労自立給付金　171
　　8　被保護者就労支援事業と就労支援員　171
　　9　自立活動確認書と就労活動促進費　172
　　10　国民年金　173
　　11　介護保険　173
　　12　養護老人ホームと特別養護老人ホーム　173
　　13　救護施設　174
　　14　障害者総合支援法による自立生活訓練等　174
　　15　デイケア　176
　　16　ホームヘルパー　176

第10章　福祉事務所における自立支援の事例 ―――― 177
　　1　対人援助の基本的コンセプト　178
　　2　対人援助実践における最重要視点　179
　　　1）生活保護事例①――就労支援　182
　　　2）生活保護事例②――母子家庭への支援　183
　　　3）高齢者福祉事例　186
　　　4）障害者事例　190

第11章　福祉事務所をめぐる最近の政策動向等と課題 ―― 195
　　1　福祉事務所をめぐる最近の政策動向等　196
　　　1）地方分権の推進と設置等に係る規制緩和　196
　　　2）社会福祉基礎構造改革等の具現化　196
　　　3）生活保護受給層の拡大傾向の継続と問題の多様化等　197
　　　4）生活保護の不正受給等の存在　202
　　　5）自立支援プログラムの導入等による多様な自立支援　204
　　　6）生活保護法改正と生活困窮者自立支援法等　210
　　2　福祉事務所運営における諸課題　213
　　　1）「利用」の支援等　213
　　　2）措置の確実な実施　214

3）自治体における多種多様な自立支援への対応　*214*
4）実施体制の整備　*215*
5）福祉事務所の再編　*216*

巻末資料
索　　引

第 1 章

現代社会と福祉事務所の運営

1　福祉事務所を取り巻く環境の変化

1）社会福祉の対象者とニーズの変化

　現代社会における社会福祉サービスの対象者には，これまでの要援護者が共通的に持っていた貧窮，障害，年少，母子，病弱，高齢，扶養者の不存在等といった特定の属性はみられず，その結果，だれでも，いつでも，どこでも，法令等の定める要件を満たす場合は，社会福祉サービスを利用することができるようになってきた。この現象は，「社会福祉の普遍化」とか，「社会福祉の一般化」とよばれている。社会福祉の普遍化・一般化は，福祉サービスの飛躍的増加をもたらしたばかりでなく，ニーズの多様化と供給の多様化・専門化ももたらした。福祉事務所が設置された当初は，業務の内容は主として生活保護行政の現業業務であったが，やがて社会福祉諸法が制定され，社会福祉関係の多様な行政を実施するための行政機関として，地域における中核的機能を発揮するようになった。

　一方，現代社会における社会福祉サービスは，ひとり行政によるばかりでなく，家族，職場，地域社会，社会福祉施設等公的ないし私的な諸団体，ボランティア等に支えられながら多様なニーズへの対応としての，多様な支援サービスが展開されている。福祉事務所は，そのなかにあって社会福祉サービスに関する地域の中核的行政機関として，法施行の実務はもとより，日常的にも相談，助言，指導を行い，また地域の関係行政機関や福祉資源との連携を保ちつつ，社会福祉行政の実践活動を担っている。

2）社会的サービスへの依存の拡大

　わが国における経済的・社会的成熟社会の到来にみられる福祉状況では，

一般的にみて，家庭の総合的福祉機能の相対的低下とその結果としての，社会的サービスへの依存傾向が顕著となっている。わが国は，かつて3世代同居のなかで，出産，育児，しつけ，扶養，介護その他生活における共助が，未分化のままに家族機能のなかで総合的かつ完結的に担われてきた。しかし，産業の近代化は，過疎と過密を同時的に進行させ，これまでの家族や地域社会が持っていた総合的な互助や支援機能の空洞化をもたらし，生活の維持で社会的支援を不可避的としていった。核家族化による保育需要の急増，介護需要に対する社会的対応の深刻さ，児童虐待情報の把握と地域社会資源の連帯強化の要請等はその例である。

これら複雑で多様な新しい社会福祉需要に対応するための社会福祉政策は，逐年整備されつつあるものの，その実践を担う行政機関としての福祉事務所の整備は万全とはいえない状況にある。制度の整備・充実は，必然的に行政機能の拡大と複雑化・専門化をもたらし，専門の所管機関や組織は，肥大化と複雑化の気配をみせている。社会福祉サービスを必要とする者が，それを得るために所管組織にたどり着くために，訪問のストレスを感じながら，しかも担当部署にたどり着くまでに多くの時間を必要とするという問題は，社会福祉サービスの拡大と専門化がかえって現業組織の肥大化等を生み，利用者の利便性の視点からも再検討すべき課題であるとの声もでている。

3）地域性・総合性・迅速性への期待

福祉事務所の住民サービスで期待される機能として，地域性，総合性，迅速性が挙げられている。これは利用者の便宜性に着目した社会的期待である。これらの機能は，福祉事務所が行政機関としては，他の行政機関との対比で相対的に住民の至近距離にあり，社会福祉行政の道案内やニーズに対する対応がほぼ完結的に可能となることが期待されていることにほかならない。

地域性は，福祉事務所が担う現業機関としての地域が限定され，児童相談所，保健所，各更生相談所に比してきめの細かい管轄区域を持つことによっ

て，地域社会との密着度を高めることが容易な立場にあるため，利用者状況の把握，地域社会や地域社会資源との連携，要援護者の社会的自立のための助言やフォロー等ですぐれており，また情報収集，訪問調査，緊急的対応等で地域的協働を展開しやすいという利点もある。このことから最も身近な福祉行政機関としてその機能の発揮が期待されているのである。

　総合性とは，何でも一応は取り扱う福祉行政機関の意でもある。複雑多様に輻輳する社会福祉サービスを，福祉事務所がサービスの総合的窓口となって，時には案内人となり，時には権利実現のための専門行政の窓口となって教示や手続のための助言・指導を行うことのできる行政機関としての機能が期待されている。制度の錯綜は，時にたらい回しや窓口責任の曖昧を招きやすく，このような弊害を避けるためにも，「まずは福祉事務所へ」という社会福祉行政に関する相談窓口としてのプライマリー性が求められているのである。福祉事務所が，社会福祉サービスの複雑化・多様化に対応するため，所内の組織も専門職員の配置も逐年的に充実してきているが，本庁で実施する現業業務との調整で改善の余地が指摘されている。

　迅速性とは，相談，案内，教示，助言，手続，給付等一連のプロセスが簡潔で，協議や稟議で内部的な時間ロスが少なく，結論の提示に多くの時間を要しないことである。利用者の多くは，現時点で日常生活に支障を生じさせている諸問題解決のために来所する場合がほとんどであることから，正当な理由のない無返答や不作為が継続する場合は，生活問題の緩和や解決に福祉事務所機能が役に立たないこととともなり，住民の期待に反することになるものである。

2　社会福祉の目的と福祉事務所の運営

1）社会福祉の目的ないし使命

　社会福祉の普遍化・一般化は，かつての社会事業が特定の社会的・経済的属性を持つ限定された要援護者に対し，無料ないし著しい低額負担で社会福祉の給付・サービスを実施してきたのに対して，その限定性を取り払い，法の定める要件への該当性が重視され，また人権，平等，自主性，社会連帯等多くの新しい社会福祉のコンセプトを派生させるに至った。これを社会福祉基礎構造改革やその後の社会福祉法制における法理念で見ると，社会福祉の目的ないし使命は，対象者の自立を側面から支援し，対象者の自己責任のもとに社会福祉サービスの自律的選択によって，問題状況を緩和・排除して，自力による問題解決を通じて達成感，到達感，満足感といった質的充足を図ることにも目を向けた社会的支援が新しい社会福祉の目的ないし使命の一つとされている。

　また多くの対象者は，社会的存在であり，社会的疎外や社会的排除のなかで，ただ物質的な最低保障だけでその存在を全うすることができるものではなく，社会連帯や社会的障壁の除去等が必要となっている。社会福祉サービスを必要とする人たちの多くは，なんらかの形で社会生活環境との調整不全状況にあり，これに対する緩和・除去は避けることができない。むしろこの要素こそ，自立支援のための基盤といえる。その意味では，社会福祉の目的ないし使命は，三浦文夫が指摘するように[注1]，究極的には「自立支援」と「社会統合」にあるといえる。

注1）　三浦文夫・宇山勝儀（2003）『社会福祉通論30講』光生館，29頁以下。

この社会福祉の目的ないし使命は，すべての社会福祉事業の指導的かつ包括的理念でもあり，その事業が公的なものであると，私的な運営によるものであるとを問わず，理念的拘束力を持つことに差異はない。

　福祉事務所の運営は，社会福祉行政を具体化・実践化する現業業務であり，その事務事業の執行は，上記社会福祉の目的ないし使命を実現するものでなければならない。福祉事務所における社会福祉の給付・サービスの決定，変更，廃止等の事務は，単なる物的・貨幣的給付やサービスの給付等にとどまらず，要援護者等がその地域社会の他の構成員と同様に社会生活関係を持ち，社会との交流・連帯等の関係を保持しつつ社会的機能発揮のための人的資源として，その社会に組み込まれていくことを可能とする支援を併せて行っていくことが重要となる。

　その意味では，福祉事務所の現業員が，現在でもこれまでのケースワーカーという呼称で呼ばれているのは，新しい社会福祉のコンセプトから見れば奇異に感ずる。自立支援と社会統合を目的とするワーカーは，もはや給付の決定等の決着によるケースの処理をもっぱらとするものではなく，社会性の視点を重視した「ソーシャルワーカー」の機能を期待されているからである。このことは，ひとり福祉事務所の現業員ばかりでなく，少なくとも福祉事務所の社会福祉主事のすべては，その職種・職層のいかんにかかわらず，ソーシャルワーカーでなければならない。換言すれば，面接員も現業員も，指導監督する職層にある査察指導員や身体障害者福祉司，知的障害者福祉司，老人福祉指導主事等も自立支援と社会統合に向けた現業を実践する立場にある地方公務員であるといえるのである。

2）自立支援と福祉事務所の運営

　福祉事務所における受付，面接，相談，ケースワーク，事案の処理，ケースのフォロー等一連のサービス過程は，かつて生活保護の決定等にみられた給付，変更，停（廃）止等の事務処理的対応から，主訴の把握に際しての社

会生活環境との調整不全側面の重視や施策メニューの提示と選択に必要な助言や教示，さらには自立に向けた意欲の醸成や自律的選択に伴う自己責任の覚知を促す等の支援も必要となってきている。

　生活保護法の施行においても，法は二つの目的を規定し，社会保障的側面の強い「最低生活の保障」に併せ，自己の尊厳を取り戻すための「自立助長」の支援を規定していると解される。これは生活保護法の目的が，単に経済的給付にとどまることなく，対人社会福祉サービスの展開により，自立の支援を含めていることにほかならない。生活保護法以外の社会福祉諸法でも，身体障害者に対する自立と社会経済活動への参加の促進のための援助（身障法1条），知的障害者の自立と社会経済活動への参加のための援助（知障法1条），精神障害者の社会復帰の促進およびその自立と社会経済活動への参加の促進のための援助（精保法1条）等の規定がみられ，また生きがいを持てる健全で安らかな生活の保障（老福法2条）にみられるように，社会的存在としての人間の幸福に関する主観的価値の確保について支援することとしていると解される。幸福感は物質的尺度では計れない質的価値であり，この視点は「**生活の質**」を重視する新しい社会福祉のコンセプトでもある。

　ところで自立概念は，三浦が指摘するように，その内容は，対象者の属性やその時代の社会的期待ないし社会的受容により異なるものである。自立支援の側面からみれば，その種類は，例えば職業的自立支援，教育的自立支援，社会生活的自立支援，身体的自立支援，精神的自立支援，さらにはADLの自立支援や自己決定ないし自律的生活のための支援等も含まれ，支援実践では，これらの支援手段が複合的かつ合目的に展開されることになる。社会福

生活の質（QOL：quality of life）　生活の数量的概念に対比される考え方。金額，摂取量，規模等計測可能性や客観性等が基本となる生活の数量側面と異なり，満足感，達成感，充実感等不可計測的で主観的な側面を重視する視点である。社会福祉サービスでも，新しい法理念で「生活の質」が重視され，あらゆる社会福祉サービスの基本的視点とされている。生活の質は，主観的，個別的尺度により計測されることから，サービスにおける個別性，選択性，嗜好性等が注目されはじめている。

祉における自立支援は，社会福祉基礎構造改革の中間まとめにいう「家庭や地域のなかで……その人らしい安心のある生活が送れるよう自立を支援する」ことであり，また法制的には，「福祉サービスは，個人の尊厳の保持を旨とし，その内容は，福祉サービスの利用者が心身ともに健やかに育成され，又はその有する能力に応じ自立した日常生活を営むことができるように支援するものとして，良質かつ適切なものでなければならない」（社福法3条）とする社会福祉サービスの基本理念が基本となるものである。また，自立支援では，個人の尊厳の保持が重要であり，このため自律性の尊重とこれに併せ自己努力の要請も必要であり，また自己責任を伴うことも認識する必要がある。福祉サービスの実践で，利用者に依存性を形成したり，給付のみに偏することのないように留意し，ケースワーク過程では自立意識を重視した**エンパワメント**のサービスも必要に応じて展開する必要がある。

3）社会統合と福祉事務所の運営

社会統合とは，すべての人がその社会の構成員として，あらゆる社会システムのなかに組み込まれることを意味する。社会福祉サービスでは，対象者ないし利用者を社会的存在としての人間ととらえ，その人の生活を取り囲む社会的，文化的諸環境から孤立ないし阻害されることなく，一般の人たちと同じような社会生活がそれぞれの個人の能力等に応じて確保されることが重要である。

福祉事務所を訪れる利用者の多くは，経済的ないし物的ニーズのほかに社会生活環境との調整不全によって生じた諸問題の緩和・除去・軽減を求めている場合が少なくないことから，この領域のニーズに関する相談・助言および支援が必要となる。それらは例えば，職場，学校，地域社会，家族，生活

エンパワメント（empowerment） 人とその人の環境との間の質に焦点を当て，人々が所与の環境を改善するためのパワーを高め，環境との良好な相互作用能力を増強すること。

関係の諸集団等との良好な関係の保持や修復等の支援であり，これは自立支援にとってゆるがせにできないものである。とりわけ生活の場が存在する地域社会からの孤立は，社会的存在としての人間にとっては致命的であり，その修復のための支援は決してなおざりにできないものである。

　地域社会の把握では，これを抽象的にとらえるのではなく，学校，職場，家庭等社会生活を展開している場を具体的にとらえ，そのなかでの調整不全状況とその原因や程度等の確認と，その解決のための人的・物的資源の調査結果等を多面的に分析して，問題状況の軽減や修復のための支援を組み立てることが必要である。このことは，社会福祉サービスの展開では，包括的で具体的な地域社会との不断で密接な連携が重要であることを示している。これを法制的にみれば，「地域住民，社会福祉を目的とする事業を経営する者及び社会福祉に関する活動を行う者は，相互に協力し，福祉サービスを必要とする地域住民が地域社会を構成する一員として日常生活を営み，社会，経済，文化その他あらゆる分野の活動に参加する機会が与えられるように，地域福祉の推進に努めなければならない」（社福法4条）との規定はこれを意味するものである。

　社会統合を意味する語や概念として「完全参加と平等」「共生社会の構築」「バリアフリー」「インクルージョン（社会的包含）」等がみられるが，総じてこれらは社会統合の手段概念とも解される。いずれにしても社会統合では，社会的孤立，排除，差別の撤去のための実践等の展開が求められているものであり，地域社会の総合的な福祉行政機関たる福祉事務所の業務の展開では，常に反芻さるべき福祉理念でもある。

　社会福祉の個別法においても，社会福祉サービスにおける社会性の重視の理念が明示されている（身障法1条，知障法1条の2，精保法4条，老福法3条等）。

　福祉事務所業務の大要は，社会福祉諸法に基づく法施行行政の現業業務であり，法の目的の具体化・実現化はその存立の基盤である。その意味では，

業務における「自立支援」と「社会統合」は，全ての業務の展開で，共通した視座となっているものである。

3　社会福祉行政の執行と福祉事務所の運営

1）実施責任と実施権限

　福祉事務所が社会福祉行政の現業機関であるということは，社会福祉諸法に定める実施者や実施機関が法律上の責任を履行するうえで，実施者・実施機関に法律上帰属する実施権限を自己の管理に属する者に委任し，受任者がこれを契機に自己の名においてその権限を行使することを意味する。この権限の委任は，現実に行政執行上多用され，法律の規定によるばかりでなく，地方公共団体等では，都道府県知事や市町村長が法律の規定や条例あるいは規則等により事務事業実施の所管を定め，これにより明確な分担・協業および監督系統が明示され，権限と責任の所在の明示，上下関係の系統の明確化等により行政として一体的な執行組織が形成される。

　法律の規定に基づくものとしては，例えば生活保護法の施行に関し，都道府県知事，市長および福祉事務所を管理する町村長は，生活保護の実施機関とされ（生保法19条１項），また保護の実施機関は，生活保護の実施に関する権限を，その管理に属する行政庁に委任することができるものとされている（同法19条４項）。また児童福祉法では児童福祉施設への入所の措置や里親委託の措置は，都道府県が実施者とされているが（児福法27条１項）同法はこの権限の全部または一部を都道府県知事が児童相談所長に委任することができると定める（同法32条）。このように都道府県知事の実施権限は，その管理に属する下級行政庁に委任され受任者がこれを行使することになるが，実施責任は委任できないことから，委任者は実施責任の誠実な履行を図るため，自

己の管理に属する受任者を監督し、必要に応じて監督権や人事権の発動等を通じて、実施責任履行の完全を期することになる。現業機関はこのようにして、実施者や実施機関の権限を行使して、実施責任の遂行を担う行政機関である。このため、現業機関は、あくまでも現業業務の遂行を使命とするものであり、実施者や実施機関ではない。現業機関の形成は、法律の規定によるばかりでなく、行政では日常的に形成されるものである。その契機は法律、条例、規則、組織規程、委任条項等法的効果を伴う権限の委任により形成される。福祉事務所における指導監督職員や現業員等は、所長の指揮監督を受けて、それぞれの職務を遂行することとされているが（社福法15条3項、4項）、これは事務の補助執行と呼ばれるものである。事務執行の補助は権限を有する者の指示等で事務の執行を補助するもので、権限の委任もなく、また自己の名による行政行為を行うものでもない。福祉事務所では所長が現業機関であり、その他の職員は、所長の事務を補助する補助機関に位置づけられる。すべての現業事務は福祉事務所長の名において実施されているのはこのためである。

2）福祉事務所における業務執行体制

　福祉事務所における業務の概括的な範囲や執行体制についての法律上の規定は、社会福祉法にみられる（社福法14〜21条）。しかしそれぞれの福祉事務所が実際にどのような事務事業を分担し、どのような職員配置で業務を執行しているかは一律ではない。それは福祉事務所を管理運営する地方公共団体が条例や組織規程等で定めるところによるからである。保健・福祉の連携、福祉六法や老人保健の業務の担当、地域における社会福祉の中核的センターとして福祉の各領域についての幅広い分担等、地方公共団体ごとに福祉事務所の業務分担やこれに伴う配置職員等について差異がみられる実態がある。しかし基本的には、国が示す標準的な福祉事務所の組織、業務および配置職員等を参考にして福祉事務所の業務執行体制を定めているのが一般的である。

福祉事務所の組織および専門職種は，社会福祉法その他の関連福祉諸法およびこれに基づく諸通知等（第3章中福祉事務所標準組織図（図3-2）等参照）の定めるところによるが（社福法15条等），同法では，原則として，①所長，②指導監督を行う所員，③現業を行う所員，④事務を行う所員とされている（同法15条1項）。指導監督を行う所員としては，例えば生活保護の実施における査察指導員，身体障害者福祉に関する身体障害者福祉司，知的障害者福祉に関する知的障害者福祉司のほか，老人福祉に関する老人福祉指導主事等が配置され，各領域を担当する現業員との連携により福祉の給付やサービスの決定等の実務を担当している。かつて，福祉事務所は生活保護法を中心とした現業機関として機能してきたが，社会福祉法制度の充実による施策の拡大等とあいまって，現在では多様な福祉サービスのための現業機関としての役割を果たしている。また，社会福祉行政の基本部分が国の機関委任による執行であった時代には，国の所管大臣の指示やその指示に基づく都道府県知事の指示は，法的拘束力を持って地方公共団体の執行機関を拘束するという中央集権システムとなっていたが，2000（平成12）年の「地方分権推進のための関係法律の改正等に関する法律」（平成11年法律87号）により，この**機関委任事務**が廃止され，国と地方公共団体との事務分担方式は，**法定受託事務**と**自治事務**により構成された。生活保護法における保護の決定等全国一律的

機関委任事務　国，他の地方公共団体の事務で，法律または政令により地方公共団体の長その他の機関に委任された事務をいう。特にその大部分を占めた国の機関委任事務では，地方公共団体の機関を国の下部行政機関と位置づけて，国の事務を中央集権的手法で執行することのできる制度となっていたが，1999（平成11）年の地方自治法改正により廃止された。

法定受託事務　1999（平成11）年の地方自治法の改正により導入された自治体の事務の一区分。法令により地方公共団体が処理することとされている事務のうち，国（または都道府県）が本来果たすべき役割に関わるものであって，国（または都道府県においてその適正な執行を特に確保する必要のあるものとして，法令で定めた事務（地自法2条9項1・2号）。各法令の規定する法定受託事務については，地方自治法別表第一，第二に集約的に表示してある。例えば，生活保護法に基づく生活保護の決定等は，法定受託事務とされている。

自治事務　地方公共団体が処理する事務のうち，法定受託事務以外のものをいう（地自法3条6項）。これにより地方公共団体の自治事務の範囲は，列記的ではなく包括的となった。

な執行が望ましい事務等で本来国が行うべき事務のうち，法律上は地方公共団体が行うこととされているものを「法定受託事務」とし，それ以外の事務はすべて地方公共団体の裁量と責任において執行する「自治事務」とした。法定受託事務については，国は技術的助言や基準の設定等を行い，また費用についても一定の国庫負担等を保障する仕組みとなっているが，自治事務については，地方公共団体の裁量と責任によるものであることから，地方公共団体の自主財源によって事業の執行がなされる仕組みとなっている。

社会福祉行政における，地域性を尊重した政策とその執行では，地方公共団体の意向により差異が生ずることも予測されるなか，地方独自の福祉政策は国の施策の上乗せや対象の拡大といったものから脱皮した，独自性を色濃くしているものも見えはじめている。しかしその業務の執行では，行政の効率化の視点とニーズの増大と多様への住民の期待に沿うため，福祉行政の現業領域では，創意工夫が日常的に求められている実態がある。

このような方向性は，①「実施機関が管内の被保護世帯全体の状況を把握した上で，被保護者の状況や自立阻害要因について類型化を図り，それぞれの類型ごとに取り組むべき自立支援の具体的内容及び実施手順等を定め，これに基づき個々の被保護者に必要な支援を組織的に実施する」（「平成17年度における自立支援プログラムの基本方針について」（平成17年3月31日社援発第0331003号））として導入された生活保護における「自立支援プログラム」による支援，②「生活困窮者について早期に支援を行い，自立の促進を図るため，生活困窮者に対し，就労の支援その他の自立の支援に関する相談等を実施するとともに，居住する住宅を確保し，就職を容易にするための給付金を支給する等の必要がある」（生活困窮者自立支援法案提出理由）として，原則として福祉事務所設置自治体毎に，自立相談支援事業，住居確保給付金の支給等を支給することとなった新たな「生活困窮者自立支援制度」による支援，③「誰もが支え合う地域の構築に向けた福祉サービスの実現——新たな時代に対応した福祉の提供ビジョン」（2015（平成27）年9月17日，厚生労働省新たな

福祉サービスのシステム等のあり方検討プロジェクトチーム）で提起された「分野を問わない包括的相談支援の実施（全世代・対象型地域包括支援）」「地域の実情に見合った総合的なサービス提供体制の確立」等，一層強まっている。

参考文献
三浦文夫・宇山勝儀（2003）『社会福祉通論30講』光生館。
宇山勝儀（2006）『新しい社会福祉の法と行政（第4版）』光生館。

第 2 章

福祉事務所の成立と歴史的展開

1 福祉事務所,社会福祉主事と生活保護法

　1945（昭和20）年8月の敗戦を契機として,わが国の社会的,経済的状況は一変するところとなった。すなわち,絶対主義的な天皇制国家から,国民が主権者となり,個人の尊厳と平等,基本的人権の尊重が前面に打ち出され,これらの確立が国家の目標とされることとなった。社会福祉もまた,敗戦直後に,その基本的な考え方もそれに伴う諸制度も,戦前とは大きく異なる方向へと改革がなされた。GHQ（占領軍総司令部）による「救済ナラビニ福祉計画ニ関スル件」（SCAPIN 404号　表2-2参照）[注1]等に示された公的扶助に関する公的責任の明確化,公私分離原則等をはじめ,GHQの政策的影響を強く受けながら,広範囲にわたる戦後の「福祉改革」がすすめられた。その結果,「社会福祉事業法」（昭和26年法律45号　現「社会福祉法」）と,いわゆる「福祉三法」と呼ばれる「生活保護法」（現行法－昭和25年法律144号）,「児童福祉法」（昭和22年法律164号）,「身体障害者福祉法」（昭和24年法律283号）が制定されるとともに,この過程のなかで,「①社会福祉法制の基本構想の確立,②公民両分野にわたる社会福祉の運営実施体制の確立,③措置委託制度と国庫負担原則の確立」[注2]といった戦後社会福祉の実施体制の基本的枠組みが形成されて行った。戦前の「社会事業」あるいは「厚生事業」の時代から戦後の「社会福祉」の時代への大きな転換である。

　福祉事務所と社会福祉主事は,こうした経過のなかで,当時最も喫緊の政策的課題となった公的扶助やその実施体制の整備と福祉行政の大きな転換が図られるなかで制度化されていったものである。

注1）　「SCAPIN」とは「Supreme Command for Allied Powers Instruction Note」の各単語の頭文字をとった略称で,通例「GHQ覚書」と意訳されている。
注2）　阿部實（1993）『福祉改革研究』第一法規,10頁。

本章では，社会福祉法（昭和26年法律45号）の規定による「福祉に関する事務所」（以下「福祉事務所」と略述する。）とそこに配置される「指導監督を行う所員」（通称「査察指導員」等）と「現業を行う所員」（通称「現業員等」）の任用資格とされている「社会福祉主事」はどのような経緯で発足してきたのか，また，その後どのように展開してきたかを概観する。

2　現行生活保護法の制定と社会福祉主事制度の創設

1）旧生活保護法の制定と課題

　戦前からの一般的公的扶助立法としては，救護法（昭和4年法律39号）が存在していた。

　救護法は，公的救済義務主義の採用，救護の種類を生活扶助，医療，出産，生業扶助と必要な場合の埋葬料とする等，これ以前の救貧立法であった「恤救規則」（明治7年太政官達162号）と比較すると法制的には整備が図られた側面を持つものであった。しかし，①失業による生活困窮（労働能力のある者）の排除，②民法上の扶養義務者がいる者の適用除外，③要保護者の請求権の不明確さ，④被救護者の地位に関する保障的規定の未整備等未だ不十分な点を残していた。このため，いわゆる厚生事業期に入り，制限的救護と現実的必要性とのギャップを補充するため，また，当時の戦争遂行という目的から，特別法が制定されるようになった。13歳以下の児童の養育が貧困のために困難になっている母（またはこれに代わる祖母）を対象とし貧困母子の保護を目指した母子保護法（1937（昭和12）年）をはじめ，同年の軍事扶助法，1941（昭和16）年の医療保護法等である。この結果，上記法令等による特別救護制度に対象者が吸収される形となり，一般的公的扶助立法として整備したはずの救護法による救護の比率は相対的に低下していった。救護法による

救護人員は，1945（昭和20）年には約9万3,000人となり，特別法によるものを合わせたこの時点での救済援護人員約1,040万人の1％にも満たないものとなった。

このように「分散化」してしまった救済援護制度では，当時，引揚げや失業等により，約800万人という膨大な数値の生活困窮者が推計されたという悲惨な状況（1945（昭和20）年12月　GHQ宛日本帝国政府提出文書「救済福祉ニ関スル件」より。表2-1参照）に適切な措置を行い得ず，政府は，1946（昭和21）年4月「生活困窮者緊急生活援護要綱」（前年12月閣議決定。以下「援護要綱」と略述する。）を実施した。しかしながら，援護要綱は緊急的な措置として実施されたもので「終戦後ノ国内状況ニ鑑ミ特ニ困窮セル者ニ対シ左記ノ要綱ニ依リ緊急生活援護ノ方途ヲ講ジ以テ当面セル生活困窮ノ状態ヲ匡救セントス……」とし，応急的対応をその目的としている。

したがって，政府は援護要綱の実施と並行して，救護法をはじめとする各種救護制度の法規の抜本的改正を企図し，「救済福祉ニ関スル件」（1945（昭和20）年12月31日　表2-1参照）を決定，これをGHQへ提出した。これは，戦後のわが国社会事業の民主化，非軍事化を指示したGHQ覚書「救済ナラビニ福祉計画ニ関スル件」（SCAPIN 404号　1945（昭和20）年12月8日　表2-2参照）を受けたものであり，①事由の如何を問わず，生活困窮に陥った国民全部を対象として生活を保護する，②救護法，母子保護法，軍事扶助法等各種法令を調整し，総合的法令を制定して国民の生活保障を確保する，③これに伴う援護を拡大強化するため，新たに民間援護団体を設立し，既存の戦災援護会，海外同胞援護会等の各種団体を整理統合する，④方面委員の充実強化等を主な内容とするものであった。そして，この計画が実施に移されるまでの間，当面は前記の援護要綱による救済福祉政策を開始する予定とした。

これに対して，GHQ覚書「社会救済」（SCAPIN 775号　1946（昭和21）年2月27日　表2-3参照）により回答が寄せられた。この覚書は，戦後のわが国公的扶助行政の方向性に大きな影響を及ぼしたものである。その内容は，①救

第2章　福祉事務所の成立と歴史的展開

表 2-1　救済福祉ニ関スル件（1945（昭和20）年12月31日）

一　救済福祉ニ関シテハ其ノ事由ノ如何ヲ問ハズ現ニ生活困窮ナル国民全部ヲ対象トシテ其ノ最低生活ヲ保障スルコトヲ目途トシ，現行ノ救護法，母子保護法，医療保護法，戦時災害保護法，軍事扶助法等ノ各種援護法令ヲ全面的ニ調整シ，新ニ国民援護ニ関スル綜合的法令ヲ制定シ，国民ノ生活保障ヲ法律ニ依リ確保スルト共ニ，右ニ伴ヒ政府ノ法令ニ基ク援護ヲ拡充強化スル為新ニ有力ナル民間援護団体ヲ設立スベク急速ニ之ガ準備ヲ進メツツアリ，然シテ右団体ノ設立ニ当リテハ既存ノ戦災援護会，海外同胞援護会，軍人援護会等ノ各種団体ヲ整理統合スルモノトス
二　前項ノ計画確定シ之ガ実施ニ至ル迄ノ間，差シ当リ昭和20年12月15日ノ閣議ニ於テ決定セル「生活困窮者緊急生活援護要綱」（別添第1号参照）ニ基キ指定セラレタル期間内ノ救済福祉策ヲ開始スル予定ナリ 　而シテ，前項ノ計画ノ内用ハ概ネ右要綱ノ内容ヲ拡充強化スルモノニシテ其ノ要旨ハ概ネ左ノ如キモノトス （一）援護ノ対象ハ失業，精神的又ハ身体的ノ欠陥其ノ他ノ理由ニ依リ生活困難ナル者トシ，ソノ人員ハ目下調査中ナルモ（1946年1月末ノ調査ノ結果ニヨリ一層実情ニ則シタル計数ヲ得ラルベシ），一応800万人ト推定ス（別添第2号参照） （二）援護ハ標準世帯（家族5人）ニ付月額200円ヲ限度トシ世帯人員ノ多少ニ応ジ増減スルモノトス（別添第3号参照） （三）援護ハ世帯ノ実情ニ応ジ左ノ方法ニ依リ之ヲ行フモノトス（別添第4号参照） 　　1．食糧ノ補給 　　2．衣料其ノ他生活必需物資ノ給与 　　3．住居ノ確保 　　4．療養ノ扶助 　　5．生業ノ指導斡旋 　　6．金銭ノ給付 　　　前項ニ付テハ能ウ限リ現物給与ニ努ムルモノトス 　　　尚補給金，資材及家屋ニ関シテハ現在日本ニ於ケル之等ノ供給能力ハ遺憾ナガラ極メテ制限セラレテオル為国民全体ニ対シ十分ニ提供スルコト不可能ナルモ乏シキ内ニ於テモ出来得ル限リ公平ナル待遇ヲ受ケシムル趣旨ニ基キ要援護者ニ対シ差当リ別添第1号程度ノ特別措置ヲ講ズルモノトス （四）引揚者（引揚軍人ヲ含ム）ニ関シテハ其ノ特殊事情ニ鑑ミ前項ニ基ク援護ノ他上陸地及上陸地ヨリ定着地ニ至ル間ノ応急援護並定着地ニ於ケル家財給与等特別措置ヲ併セ講ズルモノトス （五）援護ノ徹底ヲ期スル為差シ当リ左ノ方途ヲ講ジ援護機関ノ整備拡充ヲ図ルモノトス 　　1．中央並ニ地方ニ於ケル援護担当部局ヲ拡充シ専任指導職員ヲ増置スルモノトス 　　2．都道府県ニ有識者ヲ以テ組織スル委員会ヲ設ケ援護事業ノ適正ナル実施ヲ期セシムルモノトス 　　3．方面委員ノ拡充強化ヲ図リ其ノ充全ナル活動ヲ期スルノ外社会事業施設ノ積極的活動ヲ促進スルモノトス （六）援護ニ要スル経費ニ関シテハ従来ノ経費及ニノ（四）ニ関スル経費ノ外前記「生活困窮者緊急生活援護要綱」ニ基キ差当リ2億円ヲ支出スルモノトス 　　　尚全般ノ経費ニ付テハ追テ貴司令部ノ承認ヲ受クルモノトス 「別紙略」

出所：小山進次郎（1975）『改訂増補　生活保護法の解釈と運用（復刻版）』全国社会福祉協議会，14〜15頁。

表 2-2　GHQ 覚書「救済ナラビニ福祉計画ニ関スル件」（SCAPIN404号）

1945（昭和20）年12月8日

（一）　日本帝国政府ハ1945年12月31日マデニ，1946年1月ヨリ6月ニ至ル期間ノ失業者及ビソノ他貧困者ニ対スル食糧，衣料，住宅，医療，金融的援助，厚生措置ヲ与エルベキ詳細且ツ包括的計画ヲ最高司令部ニ提出スルコト
（二）　当該計画ハ次ノ諸項ヲ含ムベキコト 　一　計算ノ為使用サレタ基礎ニ関スル説明 　二　失業，肉体的欠陥乃至他ノ理由ニヨリ毎日直接ノ援護ヲ要スルモノノ府県別推定数 　三　調査及救済実施ニ使用サルベキ地方行政機関ノ記述，併セテ人事政策ニ関スル説明 　四　日本経済ノ全源泉カラ補給品，資材及ビ家屋ヲ確保スル方法 　五　救済費用ノ県別推定月額
（三）　コノ覚書ノ趣旨ハ家計ソノ他収入源泉ガ規定サレタ期間中最低生活ヲ維持スルニ不十分ナ国民ヲ救済スル適当ナ措置ヲ展開サセル必要ニ基クモノデアル。日本政府ハ日本ニオケル個人モシクハ集団ガ労働能力ノ欠如，失業アルイハ政治的宗教的並ニ経済的諸理由ニヨリ諸種ノ供給ノ配給ニ差別待遇ヲ受ケルコトヲ防止スル適当ナ措置ヲ即時講ズベキデアル。
（四）　現在ノ救済法令，経費並ニ行政機関ガ入手出来ル物資ノ配給ニシテ失業者ヤソノ他ノ貧困ナ人々ニ対シ差別待遇ヲ防止スルニ不適当デアルト信ゼラレル場合ニハ，コノ覚書ニ対スル回答ニハ新シイ法令，経費並ニ改善サレタ救済機関ノ設置ヲ明示シマタ救済実施ノ開始予定期日ヲモ明記スベキデアル。モシ日本政府ガ上記ノ期間中，現在ノ法令，経費，救済機関デ十分ニ救済出来ルト考エルトキニハ，カカル判断ニ対スル証拠ヲアゲ更ニ現行法令救済規定並ニ関係資料ニ関スル適当ナ参考資料ヲ列記スベキデアル。

注：項目見出しの（一）（二）等は出所記載のままとし，年号等については算用数字化して転載した。以下，同じ。
出所：木村忠二郎（1958）『生活保護法の解説（第2次改訂版）』時事通信社，80〜81頁。

済実施にあたって，「差別又ハ優先的ニ取扱ヲスルコトナク……」とする無差別平等，②「財政的援助並ニ実施ノ責任態勢ヲ確立スベキコト」とする国家責任による権利としての最低生活保障，③権利としての最低生活保障は国家責任によるという考え方から，実施は「私的又ハ準政府的機関ニ対シテ委譲サレ又ハ委任サルベカラザル」とした公私分離という，いわゆる「3原則」に加え，④公私分離のための「単一ノ全国的政府機関」の創設，⑤給付については「困窮ヲ防止スルニ必要ナル総額ノ範囲内ニ於テハ与エラレル救済ノ総額ニ何等ノ制限ヲ設ケザルコト」とする救済総額の無制限という2原則の合わせて5原則であった。

　政府は，実施を方面委員の充実強化で対応を図ろうとしていた点等いくつかの点で「救済福祉ニ関スル件」による計画を見直す必要に迫られ，前記援

表 2-3　GHQ 覚書「社会救済」（SCAPIN775号）　　1946（昭和21）年 2 月27日

（1）「救済福祉計画」ニ関スル件1945年12月31日付Ｃ・Ｌ・Ｏ覚書1484ニ関シテハ提出計画案ヲ次ノ条件ニ合スル様変更ノ処置ヲトラバ日本帝国ニ対シ何等異議アルモノニ非ズ 　（イ）　日本帝国政府ハ都道府県並ニ地方政府機関ヲ通ジ差別又ハ優先的ニ取扱ヲスルコトナク平等ニ困窮者ニ対シテ適当ナル食糧，衣料，住宅並ニ医療措置ヲ与エルベキ単一ノ全国的政府機関ヲ設立スベキコト 　（ロ）　日本帝国政府ハ1946年 4 月30日マデニ本計画ニ対スル財政ノ援助並ニ実施ノ責任態勢ヲ確立スベキコト 　　　　従ッテ私的又ハ準政府機関ニ対シ委譲サレ又ハ委任サルベカラザルコト 　（ハ）　困窮ヲ防止スルニ必要ナル総額ノ範囲内ニオイテ与エラレル救済ノ総額ニ何等ノ制限ヲ設ケザルコト （2）日本帝国政府ハ本司令部ニ次ノ報告ヲ提出スベシ 　（イ）　此ノ指令ノ条項ヲ完遂スル為メニ日本帝国政府ニヨッテ発セラレタアラユル法令並ニ通牒ノ写 　（ロ）　1946年 3 月ノ期間ニ始マリ次ノ月ノ25日マデニ届ケラレタル救助ヲ与エラレタル家族並ニ個人ノ数及ビ都道府県ニヨリ支出サレタル資金ノ額ヲ記載シタル月報

出所：表 2-1と同じ，15～16頁。

　護要綱を 4 月より実施した一方，「社会救済」に対して「救済福祉ニ関スル政府決定事項ニ関スル報告」を提示する等の経過を経て，同覚書で示された無差別平等などの考え方を基本において，47カ条にわたる生活保護法案を作成，第90帝国議会に上程した。同法案は， 9 月に衆議院，貴族院の両院で可決成立，同月公布，10月より施行された。これがいわゆる「旧生活保護法」（昭和21年法律17号）である。

　旧生活保護法の意義は次のような点にある。①救護法に代表される救護制度において分散していた法規を統一した統一的法規であった。②要保護者への生活保護の国家責任を明確に成文化し，保護費の 8 割を国庫負担とした。③保護実施において，制限扶助主義を脱却し，無差別平等を原則とし，その要件を要保護性という一点に集約した一般扶助主義を採用した。

　以上に整理されるように，その制定過程において GHQ の影響が色濃く存在したとはいえ，旧生活保護法によりわが国に初めて近代的公的扶助が創設されたということができる。したがって，方向性としては，日本国憲法（1946（昭和21）年制定，翌年施行）25条に規定された生存権保障の理念を具現

化を促進するものであった。

　しかし，旧生活保護法は，その成立当初から，様々な問題をそれ自体に内在させていた。旧生活保護法は，前記のとおり，日本国憲法制定以前の大日本帝国憲法（1889年）下の帝国議会で制定されたこともあり，生存権への理解と認識に若干欠けていた側面があり，当時の議事記録によれば，社会事業界出身議員より法案の保護的慈恵的臭味に対する非難が見られたり，保護請求権（申請権）の必要性を指摘する議員がいたり，法の徹底を民生委員により図ることを要望する議員もいたりという状況であったようで[注3]，未だ民主化の進んでいなかったわが国の社会事業においては，前記のGHQ覚書「社会救済」による理念は，容易に理解され，受け入れられるものではなかった。

　したがって，①無差別平等を規定しながら，依然として救護法の規定を踏襲した形で欠格条項規定が存在し，②国家責任を唱えながら，保護請求権や不服申立ては明確化されず，③扶助の種類も絞られたもので，④公私分離の原則から保護の実施機関を市町村長としたにもかかわらず，制度を運営する中心となる補助機関（末端事務を施行）は民生委員であった等いくつかの不備な点を残すこととなった。つまり，旧生活保護法は，GHQからの要求に対応するために，とりあえず立案された過渡期の法律であり，「社会救済」による原則は，いずれもが貫徹されたものではなかった。「このような斬新な政策を実現するためには，全国民とくに行政担当者の明確な頭の切換え，価値観の転換が必要であり，外部からの天下りの指導には自ずから限界があった」[注4]と指摘されているように，「頭の切換え」「価値観の転換」が不十分なままに制定され，実施に移されたものである。

　このため，小山進次郎[注5]によれば，旧生活保護法の展開過程において，その

注3）　吉田久一（1979）『現代社会事業史研究』勁草書房，438頁。
注4）　小沼正（1984）「公的扶助―生活保護を中心として」小沼正他編『社会保障概論』川島書店，101頁。
注5）　小山進次郎（1975）『改訂増補　生活保護法の解釈と運用（復刻版）』全国社会福祉協議会，28～44頁。

実施運用上，当初は"カン"が中心であった面も少なく，中央，地方の連絡会議の開催，通知等による指示によって，旧生活保護法の解釈とその運用の徹底を図る必要があったこと，被保護層の変容，運営の科学化の一方で民生委員の活動の再検討が必要となり，専門家による法施行の必要性が高まっていった等が指摘されている。

2）現行生活保護法の制定

(1) 生活保護制度の改善強化に関する勧告

　前節に整理した欠格条項等の諸問題，GHQの公的扶助民主化への方向づけ等により，旧生活保護法改正への気運は醸成されていった。1948（昭和23）年に設置された社会保障制度審議会（会長：大内兵衛）は，「現下の社会経済情勢に鑑み，政府は社会不安を除去するため，緊急に現行の生活保護制度を改善し，もって当面の緊急せる情勢に対応するよう社会保障制度審議会設置法2条1項により別紙の如く勧告する。」として，1949（昭和24）年9月「生活保護制度の改善強化に関する勧告」を政府に対して提出した。同勧告が，翌年の旧生活保護法全面改正への骨格となっていった。

　同勧告は，「現行の生活保護法のとっている無差別平等の原則を根幹とし，これに次に述べる原則並びに実施要領により改善を加え，もって社会保障制度の一環として生活保護制度を確立すべきことを勧告する。」としている。前出「社会救済」の無差別平等，国家責任，公私分離等の原則を現実化する過程において派生した問題を打開するため，旧生活保護法の補完，改善を目指したものである。

　したがって，次のような点が主な問題として取り上げられた。①「他の手段により最低生活の営むことのできぬものは，当然に公の扶助を請求し得るものであるという建前が確立されなければならぬ。従って，公の扶助を申請して却下された者及びその是正を法的に請求し得るようにしなければならない。」とされた保護請求権の確立及び法的不服申立の確立。②「保護の欠格

条項を明確にしなければならない。」とする勤労意欲の有無，素行不良等による欠格条項の明確化。③生活保護実施にあたる職員は「資格を有する職員でなければならない」という専任職員の設置と専門性の確保。④民生委員は「市町村長の行う保護に協力するものとすべきである。」として民生委員の性格の明確化と活動範囲の限定。⑤「保護の実施は現状ではいささか消極的に過ぎるから，更に積極的に運用し経済更生的施策を充実し，防貧自立の機能を発揮するようにしなければならない。」とする防貧自立主義の樹立。⑥「保護施設の種類及び定義を法律において明らかにしなければならない。」とされた保護施設の性格づけ。⑦「教育扶助及び住宅扶助の制度を創設すべきである」等にみられる保護内容の充実。⑧「国及び地方公共団体は……十分な金額を予算に計上し，且つ，支出しなければならないことを法律に明記すべきである。」とする十分な予算の計上，研修等である。

以上のような問題点を指摘した同勧告は，新たな生活保護制度の確立の促進を図るとともに，その骨格を示すこととなった。

(2) 法案の検討

当時の社会経済情勢の要請，旧生活保護法の限界，上述「生活保護制度の改善強化に関する勧告」等により，厚生省（現厚生労働省）においても旧生活保護法の改正を企図し，1949（昭和24）年11月以降，その準備が検討された。その方針としては，①一部改正ではなく全規定を改正すること，②改正内容は，社会保障制度審議会の勧告（生活保護制度の改善強化に関する勧告）を中心とすること，③法律の形式的構成の整備等とした。

法案作成上，「保護実施機関をどうするのか」という点について，GHQは都道府県知事とする案を提示した。その理由として考えられるのは，市町村間の保護費負担，被保護率格差の是正が図れること，機構の整備や有給専門職員の充実した配置が図れること，指導や指示と事務とが関連づけしやすいこと等にあったと考えられる。しかし，保護が身近なものとはならないこ

とが懸念され，要保護者の実情の把握や迅速な実施が損なわれる可能性があること等が反面の課題であった。したがって，この時期には未だ福祉事務所設置の検討も進んでおらず，保護実施機関を都道府県知事に替えることが不可欠と考えられる条件は整っていなかったため，調整の結果，とりあえず，従前どおり市町村長とした。

また，「民生委員をどう取り扱うか」については，GHQ側は，民生委員の関与について全面削除を求めたが，調整の結果，「民生委員法に定める民生委員は，市町村長又は社会福祉主事から求められたときは，これらの者の行う保護事務の執行について，これに協力するものとする。」（生保法22条：当時）とし，法案に民生委員の規定を設けることとした。そして，新たに市町村長の事務執行を補助させるために「社会福祉主事」を設置することとした。

(3) 現行生活保護法の制定，施行

法案は関係各方面との討議によりその内容を整え，1950（昭和25）年2月7日閣議決定，3月21日GHQの了承を得て，27日第7回国会に上程された。予算に関わるため衆議院で先議，予備審議を含めて同院で12回，参議院では7回の委員会審議を経て，衆議院で4月22日，参議院は4月29日，各々修正可決成立し，5月4日法律144号として公布，即日施行された。

並行して，「社会福祉主事の設置に関する法律」（昭和25年法律182号）が制定され，社会福祉主事が制度化されることとなった。

以上のように，現行生活保護法において実施体制を民生委員から専門有給職員に移行し，民生委員は協力機関にとどめるという経過のなかで社会福祉主事制度が発足したのである。

3 社会福祉事業法制定
——福祉事務所制度の発足

1) 社会福祉事業法制定の背景

　前述のとおり，1950（昭和25）年までに現行生活保護法（以下「生保法」と略述する。）が整備されたほか，児童福祉法，身体障害者福祉法も制定され，いわゆる「福祉三法」により一応社会福祉に関する基本的な法制度を整えた。しかし，これら「福祉三法」は，「生活に困窮するすべての国民」（生保法1条），「満18歳に満たない者」（児福法4条），「身体上の障害がある満18歳以上の者」（身障法4条）といった特定された対象者に対する法制度であった。社会事業全般に関する基本的法律としては，戦前の1938（昭和13）年に制定された「社会事業法」が，依然として形式的には存在していた。しかし，この法律は，実際的には戦後の新しい社会情勢に対応できるものではなく，「（昭和）21年10月の民間団体に対する公基金援助のストップ等で死文化した」[注6]といわざるを得ないものであった。したがって，新たに社会福祉事業全般に関する共通の基本的事項を規定する法律の制定が必要となった。

2) 社会福祉事業法制定の経緯

　こうした現実の必要性から，厚生省をはじめとする関係各方面で社会福祉事業に関する基本的法律立案の研究がなされたが，社会福祉事業法制定への直接の契機となったのは，GHQから提示された「厚生行政6原則」あるいは「6項目提案」と呼ばれるものである（表2-4）。
　この「6原則（6項目提案）」は，1949（昭和24）年11月のGHQのPHW

注6）　3）と同じ，438頁。※「公基金援助」とは公的な資金援助と理解されたい。

表 2-4　1950年から51年までの主要な福祉目標に関し，1949年11月29日に開催された
　　　　GHQ，SCAP 公衆衛生福祉局と厚生省との会議，議事録

A．出席者：厚生省側代表
　　葛西嘉資氏　　　厚生事務次官
　　木村忠二郎氏　　社会局長
　　小島徳雄氏　　　児童局長
　　畠中順一氏　　　庶務課長
　　小山進次郎氏　　保護課長
　　黒木利克氏　　　更生課長兼生活課長
　　斎藤勇一氏　　　官房渉外課
　　　SCAP 公衆衛生福祉局側代表
　　ネルソン B. ネフ氏　　福祉課長
　　アーヴィン H. マーカソン氏
　　　　　　　　　　福祉課長代理
　　トーマス L. メッカー氏
　　　　　　　　　　管理・組織係長
B．会議の目的
　会議の目的は，SCAP 及び厚生省が1950年から51年までの間に福祉機構及び行政を一層完全なものにする努力を定めることによって，主要目標の日程の詳細を課明し討論することであった。
C．問題提起
　福祉課長は主要な福祉目標及びそれが達成されるべき期日を以下のように定めている。
　1．福祉行政の地区制度
　　a．厚生省は1951年4月1日より遅れないで完全実施されるべき地区福祉行政の統一制度を設置するに先立って，以下の措置を達成するための詳細な計画を直ちに開発するものとする。
　　(1)　国の福祉事業が効果的・経済的に運営されうるための最も効果的な地区制度を決定する国家的調査を実施すること。完了目標期日は1950年4月1日とする。
　　(2)　常勤職員の起用も含めて，行政のより効果的単位を実験する目的で，福祉機関を任意に統合させるため，町村を招集すること。
　　(3)　生活保護ケースが25件をこえる地方政府の単位に常勤職員の起用を促進すること。
　　(4)　生活保護の全申請者は，地方市長の公的福祉事務所に登録されることを義務づけること。

　　(5)　却下を含めて申請者に関する全ての措置は，厚生省に対する基本的な統計報告に取り入れるために，地方福祉事務所の記録事項にされることを義務づけること。
　　(6)　基本的な福祉プログラムの行政にさいして，地方単位に対する援助に関し，府県による監督・助言サービスを割当てること。
　　(7)　上記(6)にいうサービスを開発する知事の責任を明確にすること。
　　(8)　国の政府が府県及び地方レベルの政府に，公的扶助行政に関する経費に補助金を与える方法を案出すること。
　　(9)　生活保護及び児童福祉プログラムならびに地方福祉事務所の責任事項となりうるその他の福祉プログラムに関する公約責任から民生委員を最終的にははずすことを規定すること。
　　(10)　府県の現行地方事務所から地区福祉事務所を明確に分離させることを規定すること。
　　b．地区民事部は，上記1aにいう考案される措置に関し助言をうけるものとし，各地区における少なくとも1つの規制センターにおいて地方行政単位（町村）を含む福祉行政の改善された措置及び編成についての実験を行うことに，府県及び地方行政単位の参加ならびに促進を要請するものとする。
　2．市福祉行政の再編成
　　a．厚生省は，全ての市による福祉サービスの行政の再編成が，1951年4月1日より遅れないで実現されることに関し，以下の措置により詳細な計画を直ちに開発するものとする。
　　(1)　国の福祉プログラムの行政責任を有する市福祉当局により統一基準及び手続を開発すること。
　　(2)　市福祉行政に関する査察指導義務を有するものとして府県を任命し，府県当局が査察指導規制の権限を行使する輪郭を明確にすること。
　　(3)　市当局の市福祉職員を認可された人事基準に応じて選抜し任命する義務を有するプログラムに関する全ての調査及びケースワー

27

ク・サービスを義務づけること。
　(4) 生活保護及び児童福祉プログラムならびに市福祉当局が法律に基づいて責任を有するその他のプログラムに関する公的責任から民生委員をはずすこと。
　(5) 市地域内の福祉行政の諮問機関に役立つ市福祉委員会の設置を規定すること．
　(6) 健全な行政原則及び地方自治法の趣旨と一致する福祉事業の行政につき，当該市に「地方自治」の程度を規定すること。
　(7) 補助をうけるサービスのプログラムに関する行政の経費に，国の政府が補助金を提供する方法を考案すること。
　b．厚生省は，生活保護法，児童福祉法，地方自治法，及び民生委員法の改正を含めて，上記2aの規定を遂行するに必要と思料される現行法の改正を準備することを要求されている。
　c．厚生省は，上記2a及びbに基づき開発された計画の詳細を知事及び市長に通告することを要求され，1951年4月1日までに義務づけられる再編成の実施について手引となりうる市により期日の予定を開発することを要求されている。これに関しては，以下の提案が出されている。
　(1) 各府県は，府県内のその他の市に全般的に採用される以前に，試みられ実験されうる福祉行政の改革にさいし，コントロールまたはモデル・センターとして使用されうる「実験」市を直ちに定めることを要求されるものとする。
　(2) 各地区は，市の福祉再編成の実験休止期間と最終的実施の間に，地区，および府県ならびに市の福祉当局に諮問団体として機能する府県及び市の福祉事務所の委員会を設置することを要求されるものとする。
　d．地区民事部は，市の福祉行政の再編成に関する厚生省計画につき助言をうけるものとし，再編成の実験の休止期間と最終的実施の間，府県及び市の当局の双方に，全ての可能な援助を与えることを要求されるものとする。これに関して地区民事部に以下の提案が行われることになる。

　(1) 地区民事部は，実験の休止期間中，民生部のスタッフが第1義的な努力を集中するかもしれない規制またはモデル・センターとして1つの市福祉当局を選抜する。
3．厚生省の助言・相談及び分野別サービス
　a．分野別サービスの国家的制度の準備として，厚生省は，現在の地区民事部それぞれに，少なくとも1人の代表者をという原則に基づき，全般的な現場業務代表者を直ちに指名するものとする。
　b．現場業務代表者は，各地区において上席の厚生省代表者として行為する責任を有するものとし，上記1及び2に定められた厚生省計画に関して連絡任務を有する第1義的な関係者とする。
4．厚生省は民間の国民福祉機関の編成，管理及び監督における政府参加に関する現行規則及び指令を検討することを要請され，1950年8月1日より遅れないで，国，府県及び地方レベルの政府の当該機関のいかなる公式な参加からも政府を最終的に分離させるために効果的な措置を講ずるものとする。
5．厚生省は，国及び府県の関係福祉機関ならびに施設によって任意に応諾される社会福祉活動に関する調整委員会の編成ならびに推進のための国家計画を定めることに参加が望ましく，かつ，必要と思料される関係国民福祉機関を招聘することを要求されるものとし，当該計画は1950年8月1日より遅れないで，国及び地方の許可手続を完了及び完了の準備が整うものとする。
6．厚生省は，国，府県，市，地区及び地方レベルの政府で福祉職員の現任訓練に関する国家計画を，1950年2月1日より遅れないで実施することを決定及び決定する準備を整えねばならぬよう要請されるものとする。
　a．厚生省計画に関して，府県は以下の事項を要請されるものとする。
　(1) 現任訓練課を設置すること。
　(2) 現任訓練に関する府県計画を遂行するために，最低1人の常用被傭者を任命すること。

第2章　福祉事務所の成立と歴史的展開

　　　(3) 厚生省基準に基づく現任訓練の府県計画を作成すること。
　　b．地区民事部は現任訓練に関する厚生省の国家計画について助言されるものとし，その地方計画の開発及び実施につき府県に対する可能な援助を要請されるものとする。これに関して，地区民事部は以下の事項を要求されるものとする。
　　　(1) 現任訓練プログラムの開発にさいし，府県の諮問機関に役立つ現任訓練地区委員会を設置すること。
　　　(2) 現任訓練実験の開発にさいし，関心と援助を集める1つの府県を選抜すること。
　D．討論
　　1．厚生省が提起した原則的な質問は，厚生省はSCAPに対し所々立場を強く説明したと同じく目標の受容を決められるか否か，または目標，とくに福祉行政の地区制度の設立が暗示させられるだけか，そして改正は原生省職員との今後の討論及び研究に基づいて行われるものか否かというものであった。当該目標は，福祉実施の最終部分について全てのアメリカ人関係者の長期の研究とコンセンサスに基づいたSCAPの堅固な立場を代表するものであると回答が与えられた。今後討論を重ねることは，重要な当初の立案及び厚生省が要求した初期の措置を不必要に遅れさせるだけのものだと指摘された。しかしながら，異議が出なかったものは，現在の地方町村行政の枠内の作用の範囲について必要な改正がなされうると信じられることで，厚生省が迅速に詳細な計画を提出するこ

とが望ましいということであった。
　　2．目標の輪郭を含むPHMJG（日本政府宛公衆衛生福祉局覚書）を持つことを厚生省が希望するか否かという質問が福祉課長によってなされ，厚生次官によってはっきりと否定的な回答がなされた。厚生省は，厚生省とSCAPの双方がその十分なエネルギーと資源を向けることに協同で実施するという精神で，目標の成就を遂行することに同意した。厚生省は，地区民事部からの厚生省出先代表及び府県ならびに地方福祉当局に対する最大限の援助ならびに指導，とくにプログラムの実験期興中のそれについて保証された。
　E．結論
　　1．厚生省は，定められた主要な目標のそれぞれを整然と実現するために必要な作業を直ちに開始するものとする。
　　2．木村氏，畠中氏は厚生省における目標の詳細を実施するための立案責任者及び必要な作業スタッフとして，小山氏は厚生省とSCAPの作業の調整責任者として，厚生次官によって任命された。メッカー氏は福祉課長によって，プログラムに関するSCAPの努力の調整責任者に任命された。
　　3．目標の立案・実施の過程を通じて，密接な連絡がSCAPと厚生省との間に保持されるものとする。目標に定められた6項目のプログラムは厚生省とSCAPの双方によって最優先性を与えられ，その実現については来年中に努力されるものとする。
　F．休会

出所：財団法人社会福祉研究所編（1978）『占領期における社会福祉資料に関する研究報告書』140～142頁。

（公衆衛生福祉局）の「1950年から51年までの福祉の主要目標に関する厚生省職員との会議」において中心議題となったものである。同会議の議事録等によれば，①福祉行政の地区制度（福祉地区の設定），②市福祉行政の再編成，③厚生省による助言と実地指導，④公私社会事業の責任と分野の明確化，⑤社会福祉協議会の設立，⑥有給専任吏員に対する現任訓練の実施，という内

容であった。

　これを受けて，1949（昭和24）年12月には，参議院厚生常任委員会によって「社会事業団体及び施設の振興に関する調査報告書」が発表された。これは，①社会福祉立法，②行政の整備，③国・公共施設の財政，④財政措置の適切，⑤国・公事業の民間委託の法的根拠，⑥公・私関係と民間社会事業の振興，⑦社会事業団体の民主的組織の促進と分科機能の調整，⑧現存の関係各種中央団体の発展的解消，⑨私立社会事業法（仮称）の制定，⑩社会福祉増進の国民的・国際的協力運動という10項目に纏められたもので，社会福祉事業法制定作業に影響を与えた。[注7]

　こうした一連の動向のなかで，厚生省社会局庶務課は，1950（昭和25）年1月に「社会事業基本法要綱」，同年4月に「社会事業基本法案」，同年6月に「社会福祉事業基本法案」を相次いで作成した。民間レベルにおいても，日本社会事業協会が同年9月に「社会福祉事業基本法案」を提案した。しかし，これらの試案は，既に施行されていた生活保護法，身体障害者福祉法，児童福祉法の「福祉三法」との兼ね合いを考えると，「法の性格，共通的基本事項をいかに定めるかについて結論づけることができず」[注8]日の目を見ずに終わることとなった。

　社会保障制度審議会は，1950（昭和25）年10月の「社会保障制度に関する勧告」において，業務を能率的・科学的に運営するため人口10万人を単位に社会福祉の機関として「民生安定所」（表2-5参照）を設置すること，業務の実施に必要な「専門的知識及び技能を有する職員」として「社会福祉主事」養成をはかること等を勧告している。また，同年11月には，全国社会事業大会が開催され，上記の厚生省案に対する修正決議がなされ，法制定実施の陳情等も行われた。さらに，同年12月には，地方行政制度調査委員会の勧告も

注7）　3）と同じ，484頁　※丸付き数字は筆者が加筆した。
注8）　教育・福祉法規研究会編（1983）『精選　幼児教育・社会福祉法規の解説』建帛社，199頁。

表 2-5　社会保障制度に関する勧告（抄）1950（昭和25）年10月16日

第四編　社会福祉　第一節　社会福祉機関
第一（民生安定所）
　一，社会福祉業務を能率的，科学的に運営するため，都道府県及び人口十万以上の市に，保健所の区域に準じて，人口おおむね十万の区域ごとに民生安定所を設ける。
　二，民生安定所は，都道府県知事又は人口十万以上の市の市長の権限に属する社会福祉関係業務のうち，被扶助者，身体障害者，児童，その他援護育成を要する者の面接相談，訪問指導，その他個別処遇（ケース・ワーク）及びこれに必要な調査，統計，並びに生活資金，生業資金の貸付，生活相談などの業務を担当する外，市町村（人口十万以上の市を除く。）の行う社会福祉事業の査察指導，連絡及び調整を行うものとする。
　三，なお，現在，市町村が担当している社会福祉業務は，専門職員の育成充実をまって，将来これを民生安定所にまで引上げることが望ましい。
第二（専門職員の養成及び充実）
　一，社会福祉業務の専門化と技術化に伴い，専門の知識技能を有する社会福祉主事の養成確保につとめ，これら専門家をして社会福祉事務に従事せしめる制度を確立することが必要である。
　二，社会福祉主事が行う業務の全きを期するために，社会福祉主事に対する現任訓練制度及び査察指導制度を確立することが望ましい。

出所：社会保障制度審議会編（1960）『社会保障制度に関する勧告および答申集』社会保障制度審議会，35～36頁。

出された。

　特に，社会保障制度審議会の「社会保障制度に関する勧告」は，「もとより社会保障の本来の目標を距ることは遠いけれども，今日において，この制度（社会保障制度）のスタートを切ることは絶対の必要であり，また少なくともこの程度のことをやらなければ，当面する社会不安に対する国家の責任を果たすことはできない。当審議会は政府が即時全面的にこの制度を実施するよう勧告する。」と強い意気込みを以てなされている。しかし，「この程度のこと」でも，「朝鮮戦争の勃発，再軍備促進の時期にあっては，その全面的採用を政府に期待することははなはだ困難であった」[注9]とされている。

　したがって，厚生省は，これらの意見，要望等を踏まえつつも，主として前出の厚生行政6原則を参考に社会福祉事業法の最終案を確定し，1951（昭

注9）　小川政亮（1992）『社会事業法制（第4版）』ミネルヴァ書房，30頁。

和26）年3月13日第10回国会に上程した。予備審議を含め，衆議院では5回，参議院では4回の委員会を開催し，慎重な審議を経過した後，参議院は3月23日，衆議院は3月26日それぞれ可決し，3月29日に法律45号として公布された。

この社会福祉事業法の規定（制定時　3章「福祉に関する事務所」13～16条，付則7項～9項）により，当時の「福祉三法」等の社会福祉諸法に関する中心的現業機関としていわゆる「福祉事務所」が創設された。都道府県，市及び特別区にその設置を義務づけ（特別区については昭和40年以降），町村については任意の設置としたため，福祉事務所を設置したごく少数を除いて，町村長はそれまでの生活保護法実施機関としての地位を失うところとなった。

また，同法は，福祉事務所への「社会福祉主事」の資格を有する職員（査察指導員，現業員）の配置のための条項を規定した。このため，前記「社会福祉主事の設置に関する法律」は，社会福祉事業法の公布と同時に廃止された。

こうして，1951（昭和26）年10月からの社会福祉事業法の施行によって福祉事務所制度が発足した。

3）社会福祉事業法制定経過にみる福祉事務所発足時点での課題点

(1) 福祉地区の設定と福祉事務所の設置

前記のとおり，厚生省は，自治省（現総務省），大蔵省（現財務省）等との折衝，あるいは民生委員等の社会福祉主事への風当たりを勘案すると，社会福祉主事を各町村レベルまで配置することは難しく，かつ専門家を養成するという見地からも疑問があると考えた。そして，専門家養成なり，将来性を考えると，福祉事務所を独立機関として設置し，そこに相応しい専門家を配置することを考えた。それには，町村単位では無理が生じるし，財政的にも不経済で能率的でないことから，アメリカのニューヨーク・プランの福祉地区（人口10万人に1ヵ所）の構想を導入して，そこに独立の福祉事務所という行政機関を設置し，社会福祉主事というスーパーバイザーを置くという方向

を求めた。前述の「社会保障制度に関する勧告」の「民生安定所」も同様の方向づけがなされている。

この構想に対して，自治省サイドには，市町村が住民に最も身近な行政単位であり，社会福祉のような直接住民とかかわる行政の実施責任は，市町村が持つべきであるとの考えもあった。

こういう両者の妥協の上に，「福祉に関する事務所」という名称で，福祉事務所は設置するが独立組織とはしない，市には設置義務を課す（原則的に当該市の区域を福祉地区とする）が，町村部は任意設置とし，都道府県（指定都市）は人口10万人を目安に福祉地区を設定し福祉事務所を設置する，というやや曖昧な形で発足することになったという経緯がある。

結果的に，現状においては，福祉地区の格差拡大の問題が指摘されるところとなっている。実情として，人口10万人をはるかに超えて20万人を有する福祉地区を担当する福祉事務所は約1割存在するし，逆に，人口10万人の半分に満たない5万人未満の地区を管轄としている福祉事務所も約3割という状況にある。また，市に設置義務を課し，町村は任意としたため，人口3万人程の市が福祉事務所を設置しているにもかかわらず，人口5万人を超える町は県の設置する福祉事務所の管轄下という状況も生じてきている。さらに，郡部の福祉事務所の場合，飛び地を管轄しなければならないという状況も生じてきている。「法規定の福祉地区は次第に崩壊」[注10]してきていると言わざるを得ない。そもそも，ニューヨーク・プランによる人口10万人に1カ所という福祉地区の場合は，市や郡の範囲にはこだわらない配置をしていたのに対し，わが国の場合は，一部を除いて市なり郡の単位で福祉事務所が設置されている結果，格差の問題が派生している。

注10) 三和治（1984）「福祉事務所と行政機構」社会保障研究所編『社会福祉改革論Ⅱ』東京大学出版会，198頁。

注11) 木村忠二郎（1953）『米国公的扶助の瞥見』中央法規出版，69頁。

(2) 福祉事務所の業務

　社会福祉事業法案を審議した1951（昭和26）年の第10回国会における法案提出の趣旨説明によれば，福祉事務所制度は，前述の社会保障制度審議会の「社会保障制度に関する勧告」による「民生安定所」を受け入れたものとされている（『第10回国会制定法審議要録』）。しかし，同勧告によれば，生活保護法の実施機関は市町村長とし，「民生安定所」は，「援護育成を要する者の面接相談，訪問指導，その他個別処遇」あるいは「生活資金，生業資金の貸付，生活相談などの業務」といった，社会福祉サービス的ないし臨床サービス的業務を行う機関として位置づけられている。これに対して，社会福祉事業法による福祉事務所は，当時の福祉三法の現業機関とされており，多少性格が異なるものとなっている。一時期には，イギリスの当時の国家扶助事務所に当たる性格を持つような福祉事務所も考えられた[注12]とされているにもかかわらず，生活保護法の実施事務とともに，他の福祉関係各法の現業機関としての側面も持つということになったのである。

　しかしながら，前記の社会福祉事業法制定の経過にも見られるように，実態として，生活保護法の実施機構の整備という面から福祉事務所は形成されてきた要素が多いこと，また，当時の社会保障制度の未整備等からの生活保護の比重の高さから，福祉事務所の業務の中心は生活保護法をはじめとする生活困窮者対策におかれることとなった。こうした実施体制の状況は，昭和30年代以降のいわゆる「福祉六法」の時代となり，経済的援助性もさることながら，これ以外のサービスへのニーズが拡大してきたなかでもなかなか転換が図られず，「福祉事務所の生活保護事務所化」[注13]との批判を招くこととなる。

注12）　仲村優一（1978）『生活保護への提言』全社協選書，149頁。
注13）　10）と同じ。

(3) ジェネリック・ケースワーカーとしての社会福祉主事とその専門性

　もう一つは，専任有給の社会福祉主事の規定を「社会福祉主事の設置に関する法律」から吸収した形で設け，この制度の積極的活動を期待し，その資格について定めているが，ジェネリック・ケースワーカーとして位置づけ，その専門性を強調している点である。実態は，いわゆる「3科目主事」に代表されるように，その専門性は必ずしも担保されているとはいい難い。また，これらの人員を一般行政職採用職員の人事異動で確保する自治体が多く，最近に至っては，経験年数の少ない現業員の多さや現業経験のない査察指導員が増加している問題等が指摘されてきている。

4）福祉事務所と社会福祉主事発足の意義

　以上のように，発足の当初から妥協の上に成立してきた部分が見え隠れする福祉事務所制度であるが，発足した意義は，①わが国で初の専任的社会福祉行政機関であり，それ以前の社会福祉行政が未発達であったのに対して，行政が，行政地区（福祉地区）を設け，その地区の窓口を一本化し，要援護者と直接に対応する直接的行政機関である点，②この制度の成立によって，社会福祉主事というそこで働く有給専任の公的社会福祉労働者が誕生したことの点に集約される。

4　福祉事務所制度の展開（1）

1）発足から昭和30年代前半

　この時期には，GHQの政策のもとに制度化された体系整備が進められた。1953（昭和28）年に「福祉事務所運営指針」が示され，当時の福祉三法のもとでの「職員の質の充実，現業機関としての性格を明確化するため，業務の

表 2-6　福祉事務所制度展開の略年表（1）～制度の発足から昭和30年代前半

福祉事務所関連	その他の政策動向
	1945（昭和20）年 　GHQ覚書「救済ナラビニ福祉計画ニ関スル件」（SCAPIN 404号）（表2-2） 　「救済福祉ニ関スル件」（表2-1） 　「生活困窮者緊急生活援護要綱」
	1946（昭和21）年 　GHQ覚書「社会救済」（SCAPIN 775号）（表2-3） 　「旧生活保護法」制定 　「民生委員令」公布
	1947（昭和22）年 　「児童福祉法」制定 　「保健所法」（現「地域保健法」）制定 　「労働者災害補償保険法」制定 　「失業保険法」（現「雇用保険法」）制定
1949（昭和24）年 　いわゆる「厚生行政6原則」（表2-4）	1949（昭和24）年 　「生活保護制度の改善強化に関する勧告」 　「身体障害者福祉法」制定
1950（昭和25）年 　「社会福祉主事の設置に関する法律」制定 　→社会福祉主事の制度化 　「社会保障制度に関する勧告」（「民生安定所」の構想）	1950（昭和25）年 　「現行生活保護法」制定
1951（昭和26）年 　「社会福祉事業法」（現「社会福祉法」）制定 　→福祉事務所の発足	
1953（昭和28）年 　「福祉事務所運営指針」	1953（昭和28）年 　「町村合併促進法」制定
1954（昭和29）年 　嘱託医を設置	
1955（昭和30）年 　生活保護指導職員を設置	
1958（昭和33）年 　医療専任技術吏員を設置	

標準化,組織形態の標準化を提言^{注14)}」している。

　制度発足当初809カ所でスタートした福祉事務所数は,1953（昭和28）年の「町村合併促進法」等を契機に昭和30年代前半までに発足時1万を上回っていた市町村数が3,000台となり,数多くの新市の誕生に伴い,福祉事務所数は,1,000カ所を上回るとともに,都道府県の設置する福祉事務所（いわゆる郡部福祉事務所）は減少し,市部福祉事務所が増加した。この結果等から福祉地区間の人口格差の問題が拡大していくこととなった。

　上記に伴い,社会福祉主事任用資格が求められる査察指導員と現業員数は増加したが,有資格率に大きな改善はみられず,査察指導員8割,現業員7割で推移した。

　この時期は,社会保障制度未整備等に加え,いわゆる第一次適正化を背景に生活保護業務が中心となり,福祉事務所のあり方そのものが論議の対象となることは少なかった。

2）昭和30年代後半から昭和40年代

　福祉事務所の機能や役割等についての議論が見られるようになった時期である。皆年金,皆保険の実現等社会保障各制度の拡充が進められ,福祉の分野でもいわゆる福祉六法体制が昭和30年代後半整備された。わが国は高度成長期を迎え,順調な経済発展をなし遂げる一方で,その歪みとしての過密や過疎等に由来する社会生活上の諸問題に対応していく必要があった。社会福祉諸サービスの重要性への認識が増し,サービスの拡大多様化,権利意識の増大,社会的扶養への期待の増化といった状況を背景に,福祉事務所のあり方の変容が徐々に必要となりつつあったのである。以下,主なものを概観したい。

注14）　岡部卓（2003）「福祉事務所の業務と組織」岩田正美・岡部卓・杉村宏編著『公的扶助論』ミネルヴァ書房,72頁。

表 2-7 福祉事務所制度展開の略年表（2）〜昭和30年代後半から昭和60年代

福祉事務所関連	その他の政策動向
	1960（昭和35）年 「精神薄弱者福祉法」（現 知的障害者福祉法）制定 1961（昭和36）年 国民皆年金，国民皆保険の実現 「児童扶養手当法」制定 1963（昭和38）年 「老人福祉法」制定
1964（昭和39）年 　家庭児童相談室設置	1964（昭和39）年 「母子福祉法」（現 母子及び父子並びに寡婦福祉法）制定→福祉六法体制の確立 「重度精神薄弱児扶養手当法」（現 特別児童扶養手当等の支給に関する法律）制定
1967（昭和42）年 「東京都における社会福祉専門職制度のあり方に関する中間答申」 1968（昭和43）年 　福祉五法担当現業員増員措置 　福祉事務所問題研究委員会設置（厚生省）	
1971（昭和46）年 「新福祉事務所運営指針」 「福祉事務所の将来はいかにあるべきか〜昭和60年度を目標とする福祉センター構想」	1971（昭和46）年 「児童手当法」制定
1973（昭和48）年 　実験福祉事務所制度	

(1) 家庭児童相談室の設置

　1964（昭和39）年から，福祉事務所内に家庭児童相談室を設置し，家庭児童福祉主事，家庭相談員を配置して児童相談所との連携強化等を推進することとなった。

(2) 「東京都における社会福祉専門職制度のあり方に関する中間答申」

　1967（昭和42）年の「東京都における社会福祉専門職制度のあり方に関する中間答申」（以下「中間答申」と略述する。）は、「東京都にだけ通用するものとしてだけでなく、そのまま全国的な制度としても適用しうる専門職制度を目標とした」として、専門職制度のあり方という視点に端を発し、福祉事務所の再編成等についても提言をしている。

　福祉事務所については、業務内容が、「要保護者の最低生活保障のための生活保護に関する業務が中心」になっている現状を改めていく必要性を主張し、以下の二つの方向が考えられるとしている。第一は、公的扶助部門を別建てにして独立した「生活保護事務所」を創設し、福祉サービスを提供していく機関は別途設置して二本立てとする方法である。第二は、生活保護以外のサービスの比重を相対的に高めて、公的扶助とその他の福祉サービスの均衡を保っていく方法である。

　中間答申では、社会福祉事業法の制定の趣旨からは後者の方向が望ましいとして、「生活保護以外のサービス部門を充実して、名実ともに福祉の総合センター」となることの必要性を主張し、そのために「福祉事務所をインテーク（受付相談）部門、公的扶助部門及び福祉サービス部門」の三部門に分け、「各部門に、専門のソーシャル・ワーカー（指導監督を行う職員とその下で現業を行う上級ソーシャル・ワーカー及び初級ソーシャル・ワーカー）」を置くことにするが、公的扶助部門については、「収入認定と経済給付をもって足りるものと考えられる」から現業員は必ずしも専門家である必要はなく、したがって「初級ソーシャル・ワーカーに限らず、一般行政職者で現行社会福祉主事の有資格者をも受け入れるようにする」としている。さらに、福祉の総合センターであるべきことから、「児童福祉法に基づく措置権はすべて福祉事務所に移すように考慮すべき」としている。

(3) 福祉五法担当現業員の増員措置

　前項の東京都の中間答申における考え方に呼応した形で実施されることとなったのが，1968（昭和43）年度からの地方交付税によるいわゆる福祉五法を専門に担当する現業員の増員措置である。

　厚生省は，1967（昭和42）年10月，「地域における福祉に関する専門機関」[注15]としての福祉事務所を確立していくため，社会福祉事業法上生活保護世帯数を基準とし，生活保護への対応が中心となっている現業員配置について見直しを企図していた。具体的には，現業員について生活保護法関係と他の福祉五法を分離し，その定数は，生活保護法関係については社会福祉事業法の基準とし，他の福祉五法については管内人口がおおむね10万人の福祉事務所で7人とすることを骨子とする「福祉事務所制度改善案」を提示した。しかし，法改正には至らず，予算措置で，地方交付税によって福祉五法専門の現業員の増員をすることとしたものである。

　なお，厚生省は，この「福祉事務所制度改善案」に付随して以後検討すべき事項として，①従前どおり社会福祉事業法の規定に則って人口規模の小さい市にまで設置義務を設けても「適切な運営が出来るかどうか」，②児童相談所の持つ大半の居住型施設入所の措置権を統一すべきではないか，といった事項を掲げている。

(4) 「新福祉事務所運営指針」

　1971（昭和46）年10月の「新福祉事務所運営指針」は，福祉事務所制度の発足（社会福祉事業法制定）20周年に当たって，1970年代における福祉事務所像を求めて厚生省が監修したものである。社会福祉行政の枠組み作りをしていく厚生省が福祉事務所に対する当時の考え方を示したものと考えられる。

　この運営指針においては，福祉事務所を「社会福祉行政の中核的な第一線

注15） 小川政亮（1973）「社会事業の組織」小川政亮編『扶助と福祉』至誠堂，148頁。

現業機関」とした上で,「地域住民の生活にあらわれた多様な福祉ニーズを的確に把握し実情に即して計画的,効率的な福祉施策を推進する」福祉に関する総合福祉センターとしての機能を持つものとし,生活保護業務中心からの転換を図ろうとしている。具体的には,福祉地区の格差拡大の問題に関しては,人口10万人未満の市については設置義務を解き,広域市町村圏を形成して設置する方向を考えている。専門性の充実の問題に関しては,「経過措置のままで今日まできている」と社会福祉主事のあり方への批判をし,社会変動に対応していく上での業務の偏重の問題に関しては,高齢化・核家族化等に伴うニーズの拡大・多様化への対応が指摘されている。そして,組織機構については,事項別専門担当制で実施してはどうかという問題提起をしている。

　しかしながら,本来の役割として制度,施策を策定していく厚生省の考え方を示したものでありながら,20年余りの経緯の中で派生してきた問題についてはあまり検討がなされず,一般論的な批判や問題提起にとどまり,「総合福祉センター」実現のための具体的展望・方法についても余り示されていない。

　このように,「新福祉事務所運営指針」は,「厚生省の行政指導の方向または,福祉事務所が地方行政機関であるという点から福祉事務所自らの主体的な運営方法に対してのモデル提起[注16]」をしたにとどまり,指針自体が設置主体である都道府県や市(町村)対して強制力を持つものではなかったため,福祉事務所活動方向検討の指標としては評価できるものの,実効性については疑問が残るものであったといわざるを得ない。このことは,後述の実験福祉事務所制度の状況を見ても明らかである。

注16)　三和治(1985)「福祉事務所組織の改革問題」重田信一編著『現代日本の生活課題と社会福祉』川島書店,226頁。

(5) 「福祉事務所の将来はいかにあるべきか～昭和60年度を目標とする福祉センター構想」

前項の「新福祉事務所運営指針」に対し，1971（昭和46）年5月の全国社会福祉協議会社会福祉事業研究作業委員会による「福祉事務所の将来はいかにあるべきか～昭和60年度を目標とする福祉センター構想」(以下「福祉センター構想」と略述する。)は，民間の側から社会福祉事業の今後のあり方を検討してきたなかで示された福祉事務所の将来像であった。社会福祉事業研究作業委員会は，全国社会福祉協議会に「民間社会事業の立場から社会福祉事業の今後のあり方について研究する」という目的で設置されたものであり，「福祉センター構想」は，その中間答申である。

この構想は，昭和60年度の時点では，公的扶助のあり方が大きく変容を遂げているということを前提としている。すなわち，防貧的対策である「年金を中心とする所得維持の政策が広がり」，経済保障の最終手段（救貧対策）としての公的扶助は，年金受給者の範囲，給付水準等によって左右されるものの「補足給付に近い制度」に変わる。したがって，「実質的には，生活保護制度の解体」という方向であろうから，現在の経済給付とケースワーク・サービスが「密接不可分である」生活保護行政の考え方はその意味を失い，これらの二つの機能の分離が「必然的な結果」となってくる。福祉事務所は，生活保護業務中心から「質的に高いサービスの水準を保ちつつ，一方住民が気軽に訪れることのできるような福祉サービスの包括的な機能をもった専門機関」（福祉センター）となる。この意味で，「今後の社会福祉事業の実施責任は原則として市町村などの自治体が負うべき」という前提に立つものの，自治体の大小，財政負担能力の差異等を勘案すれば，福祉センターは，「人口十万人以上の市に設置義務を課し，それ以下の小さな市町村は，一部事務組合を設立して」設置する。児童相談所，身体障害者更生相談所等の各種相談所は「社会福祉判定指導センター」に統合し，「高度の判定，指導を行う機関」とする。一方，各種相談所の持っている相談，措置等に関する権限は

福祉センターに集中させる。福祉センター内では，経済給付と福祉サービス部門を分離し，福祉サービス部門は「各分野の専門家および精神科医，その他の医師，心理判定員等によって構成されたコンサルタント・チームと地域担当の専門ソーシャル・ワーカーの二つの職群」の専門職によって構成するといった事項を主な内容としている。

　この福祉センター構想については，①構想実現のプロセスについて具体的に示されていない，②1985（昭和60）年時点での展望が楽観的ではないか，③経済給付の福祉サービスの必然性が認められるか，④広域行政圏的な設置の考え方が地方自治の軽視に繋がるのではないか，といったいくつかの批判がある。結果的には，この構想と並行して提起され，対人援助活動を行う職員を社会福祉士として確立しようとした「社会福祉専門職員の充実強化方策としての『社会福祉士法』制定私案」とともに，学会その他社会福祉関係者の議論の的となり，具体的な制度まで帰着しなかった。また，構想が前提としていた高度経済成長の継続や年金制度の一応の完成が，1973（昭和48）年のオイルショックを契機とした不況や，いわゆる「福祉見直し」によって崩れさったこともあり，「構想」にとどまったと考えるべきであろう。

(6)　実験福祉事務所制度

　実験福祉事務所制度は，前述「新福祉事務所運営指針」による総合福祉センター実現のための一つの方策として，「実験福祉事務所を指定し，参考資料を得るためのモデル福祉事務所をつくりあげようとした」[注17]ものである。1973（昭和48）年から3カ年間，全国10カ所の福祉事務所が指定された。

　厚生省の考え方に基づく実践的試みではあったものの，その後「福祉見直し」の時期に入ったこともあってか，厚生省側から具体的な福祉事務所のあ

注17）　大友信勝（1984）「地域福祉と福祉事務所」井岡勉・右田紀久恵編著『地域福祉　いま問われているもの』ミネルヴァ書房，170頁。

り方についての問題提起はなされなかった。「厚生省サイドからの自治体自らの福祉事務所活動改善の動機づけを目的とした促進策なのか，福祉事務所制度改革のための方向模索なのか判然としないまま沙汰やみになった[注18]」と批判される結末となり，結果的に「新福祉事務所運営指針」による総合福祉センター具体化への第一歩とはなりえないままに終わった。

　以上のように，この時期は福祉ニーズの拡大多様化等を背景に，これらの動きとは別に自治体レベルも含めて，業務担当，そのための組織体制等福祉事務所のあり方が論議の対象となり，自治体レベルでは組織改編等の具体的な取り組みも見られた時期であったが，制度全体の大きな変化には至らなかった。

　したがって，福祉事務所数は人口増加等を背景に1,100カ所を上回ったものの，査察指導員，現業員の有資格率には大きな改善は見られなかった。

3）昭和50年代から昭和60年代

　低成長期に入り，年金保険，医療保険等の財政のあり方等が問われる一方で，上述の福祉事務所のあり方をめぐる議論は皆無ではなかったものの，実態としては沙汰止みの状態であった。

5　福祉事務所制度の展開（2）

　こうして福祉事務所のあり方に関する議論が低調のままに推移してきた一方で，平成に入っての社会保障構造改革，社会福祉基礎構造改革，地方分権等が押し進められて，これらいわば「外圧的要素」とも言えるものにより福祉事務所の役割や機能が変更されてきているのがこの数年の動向である。

注18）　16）と同じ。

表 2-8　福祉事務所制度展開の略年表（3）～平成

福祉事務所関連	その他の政策動向
	1990（平成2）年 　「老人福祉法等の一部を改正する法律」制定
1993（平成5）年 　郡部福祉事務所福祉四法体制へ移行 　　（市部福祉事務所　六法 　　　町村　　　　　　二法）	1997（平成9）年 　「介護保険法」制定 1999（平成11）年 　「地方分権の推進を図るための関係法律の整備等に関する法律」制定
2000（平成12）年 　「福祉地区」概念の削除，現業員定数「基準」から「標準」へ	2000（平成12）年 　「社会福祉の増進のための社会福祉事業法等の一部を改正する等の法律」制定
2003（平成15）年 　郡部福祉事務所福祉三法体制へ移行 　　（市部福祉事務所　六法 　　　町村　　　　　　三法）	2005（平成17）年 　自立支援プログラム導入 2013（平成25）年 　「子どもの貧困対策の推進に関する法律」「生活保護法の一部を改正する法律」「生活困窮者自立支援法」成立

1）福祉関係八法改正と福祉事務所

　「老人福祉法等の一部を改正する法律」（平成2年法律58号）により，身体障害者更生援護施設等への入所決定権，特別養護老人ホーム等への入所決定等が，都道府県から町村に委譲されることとなった。これにより，都道府県の設置するいわゆる郡部福祉事務所と市町村の設置するいわゆる市部福祉事務所の所掌事務は，それぞれ別に規定され，1993（平成5）年4月から，市部

福祉事務所は従前どおり福祉六法体制（生活保護法，児童福祉法，身体障害者福祉法，知的障害者福祉法，老人福祉法，母子及び父子並びに寡婦福祉法），郡部福祉事務所は福祉四法体制（生活保護法，児童福祉法，知的障害者福祉法，母子及び父子並びに寡婦福祉法）となり，広域的調整等が求められるところとなった。

また，任意設置の福祉事務所を設置する町村以外の町村にも，社会福祉主事を任意に設置することができることとされ，郡部福祉事務所，市部福祉事務所，福祉事務所を設置しない町村ごとに，福祉四法，福祉六法，福祉二法（身体障害者福祉法，老人福祉法）に規定される援護，育成または更生の措置に関する事務を行うことを職務とすることを規定した。

2）介護保険法制定と福祉事務所

介護保険法（平成9年法律123号）制定に伴い，老人福祉法のもとで，措置という形で実施してきたものが，介護保険による契約による利用という形もとることになった。これにより，介護サービスが介護保険法施行により2000（平成12）年4月からは，措置と利用に業務が分立する形となった。

3）地方分権一括法制定に伴う事項

「地方分権の推進を図るための関係法律の整備等に関する法律」（平成11年法律87号）の制定に伴う社会福祉事業法改正により，次のように変更された。

改正後の13条1項及び2項（本法翌年の社会福祉事業法等改正による社会福祉法への移行後は，条号は14条となっている。以下も同様）は「都道府県及び市（特別区を含む。以下同じ。）は，条例で，福祉に関する事務所を設置しなければならない。都道府県及び市は，その区域（都道府県にあっては，市及び福祉に関する事務所を設ける町村の区域を除く。）をいずれかの福祉に関する事務所の所管区域としなければならない。」とされた。これにより，2000（平成12）年4月からは，「おおむね人口10万人に1」という「福祉地区」を設定して，そこに福祉事務所を設置という考え方は撤廃されることとなった。

所員定数を規定する15条は,「所員の定数は,条例で定める。ただし,現業を行う所員の数は,各事務所につき,それぞれ次の各号に掲げる数を標準として定めるものとする。」と改正され,「左の各号に掲げる数以上でなければならない。」という規定が「標準」に改められた。

　また,16条(服務)は,「第14条第1項第1号及び第2号の所員は,それぞれ同条第3項又は第4項に規定する職務のみに従事しなければならない。ただし,その職務の遂行に支障がない場合に,これらの所員が他の社会福祉又は保健医療に関する事務を行うことを妨げない。」と改正された。従来,14条1項1号の指導監督を行う所員及び2号の現業員については,職務への専従が規定されていた(任意設置の町村の福祉事務所の現業員についてのみ,他の社会福祉に関する事務の兼務を妨げないとしていた)。これに対し,この改正では,兼任が可能な規定となっている。

4)社会福祉基礎構造改革と福祉事務所

　「社会福祉の増進のための社会福祉事業法等の一部を改正する等の法律」(平成12年法律111号)により,身体障害者福祉法,知的障害者福祉法,児童福祉法(障害児関係)が改正され,障害者福祉のサービスについては,原則としてサービスの利用者が各自の責任のもとに利用したいサービスを選択し,契約により利用する制度となった。行政は,この利用について支援費を支給するとともに,契約による利用が期待できない場合の措置の発動の役割を担うこととなった(2003(平成15)年4月から)。

　また,同時期から,知的障害者福祉法についても,身体障害者福祉法,老人福祉法同様に,町村にその権限が委譲されることとなった。これにより,いわゆる福祉六法の体制は,郡部福祉事務所三法体制(生活保護法,児童福祉法,母子及び父子並びに寡婦福祉法),市部福祉事務所六法体制,町村三法体制(身体障害者福祉法,老人福祉法,知的障害者福祉法)となった。

　以上のように,実質的な福祉事務所変容の一方で,福祉事務所数は平成の

町村大合併による新市の誕生等により，福祉事務所数はおよそ1250か所となり，トータルでは制度が目指した「おおむね人口10万人に一」という設置状況ではあるものの各福祉事務所の所管人口の格差の問題は解消されていない。また，有資格率は停滞しており，査察指導員でおおむね4分の3，現業員で6割となっている。

こうした状況の一方で，①2003（平成15）年8月から翌年12月にかけて，生活保護制度全般のあり方について検討を行った「社会保障審議会福祉部会生活保護制度の在り方に関する専門委員会」の委員会報告書を受けての「自立支援プログラム」の策定と実施，②生活保護の不正受給の拡大等を背景とする保護の適正化の推進，③生活保護における稼動層の顕著な増加傾向等を受けての就労・自立支援の充実，④生活困窮者に対し，自立相談支援事業，住居確保給付金の支給等を支給することとなった新たな「生活困窮者自立支援制度」による支援等，福祉事務所とその設置自治体には多様な取り組みが求められている。

また，「誰もが支え合う地域の構築に向けた福祉サービスの実現——新たな時代に対応した福祉の提供ビジョン」（2015（平成27）年9月17日　厚生労働省の新たな福祉サービスのシステム等のあり方検討プロジェクトチーム）で提起された「分野を問わない包括的相談支援の実施（全世代・対象型地域包括支援）」「地域の実情に見合った総合的なサービス提供体制の確立等においても福祉事務所は大きな役割を果たしていく必要があるものと考えられる。

ただ，上記ビジョンにおいても，その供給体制において，行政の役割は現段階では不明確で，福祉事務所をどのように再編するのか，社会福祉主事をどのようにするのかという検討が求められているのではないか。

参考文献

阿部實（1993）『福祉改革研究』第一法規。

吉田久一（1979）『現代社会事業史研究』勁草書房。

小沼正（1984）「公的扶助―生活保護を中心として」小沼正他編『社会保障概論』川島書店。
小山進次郎（1975）『改訂増補　生活保護法の解釈と運用（復刻版）』全国社会福祉協議会。
小川政亮（1992）『社会事業法制（第4版）』ミネルヴァ書房。
教育・福祉法規研究会編（1983）『精選　幼児教育・社会福祉法規の解説』建帛社
仲村優一（1978）『生活保護への提言』全社協選書。
三和治（1984）「福祉事務所と行政機構」社会保障研究所編『社会福祉改革論Ⅱ』東京大学出版会。
木村忠二郎（1953）『米国公的扶助の瞥見』中央法規出版。
岡部卓（2003）「福祉事務所の業務と組織」岩田正美・岡部卓・杉村宏編著『公的扶助論』ミネルヴァ書房。
三和治（1985）「福祉事務所組織の改革問題」重田信一編著『現代日本の生活課題と社会福祉』川島書店。
小川政亮（1973）「社会事業の組織」小川政亮編『扶助と福祉』至誠堂。
大友信勝（1984）「地域福祉と福祉事務所」井岡勉・右田紀久恵編著『地域福祉いま問われているもの』ミネルヴァ書房。

第 3 章

福祉事務所の業務と組織

「福祉事務所は，社会福祉法14条に規定されている福祉に関する事務所をいい，生活保護法，児童福祉法，母子及び父子並びに寡婦福祉法，老人福祉法，身体障害者福祉法，知的障害者福祉法のいわゆる福祉六法に定める援護，育成または更生の措置に関する事務をつかさどる第一線の社会福祉行政機関である。都道府県および市（特別区を含む）は設置が義務づけられており，町村は任意で設置することができることとされ，平成26（'14）年４月現在で全国に1,247カ所設置されて」おり[注1]，わが国の社会福祉システムの中軸として位置付けられている。

　しかし，こうした重要な役割を担うべき福祉事務所であるにもかかわらず，住民からは「よく見えない」「何をやっているのかわからない」「どこにあるのかわからない」と指摘されることが少なくない。

　大きな役割を期待されながらも，住民からはあまり身近でもなく，よくわからないとされる福祉事務所であるが，本章では社会福祉の法制度においてどのような役割が期待されていたのかを明らかにし，その現状がどのようになっているのかを検討することとしたい。

1　福祉事務所の組織
―社会福祉法による組織体制とその趣旨―

1）福祉事務所の設置（社会福祉法14条1～4・7～8項）

　福祉事務所の法的根拠となる社会福祉法（昭和26年法律45号）には，「福祉事務所」という名称はなく，福祉事務所について規定している同法第３章には「福祉に関する事務所」という標題が用いられている。

　福祉事務所の設置を義務付けている同法14条及び「福祉地区及び福祉事務

注１）　厚生労働統計協会編（2015）『厚生の指標　増刊　国民の福祉と介護の動向　2015／2016』第62巻第10号，厚生労働統計協会，239～240頁。

所設置条例（準則）について」（昭和26年社乙104号）により，都道府県および市（特別区を含む。以下同じ。）は，条例で，名称，所在地，所管区域等の必要事項を定めることとされており，福祉事務所の名称をどのようにするのかは，設置する地方公共団体（以下「設置自治体」）が決めることとなる。こうしたことから，福祉事務所という名称を用いず，「社会福祉事務所」「福祉センター」といった名称の福祉事務所も少なくなく，特に最近では，保健や医療の分野と福祉の連携が必要であるとして医療・保健部門と結合して「保健福祉センター」「健康福祉センター」といった保健や福祉の総合窓口機関としている設置自治体もふえている。

　設置については都道府県および市は必置とされており，町村は任意で設置することができる。都道府県の場合は，福祉事務所が設置されていないいくつかの町村を担当するため，都道府県内をいくつかのブロックに区分して，そのブロックごとに福祉事務所を設置することが通例である。市の福祉事務所は，市域を所管区域として1カ所設置することが多いが，人口の多い市では市域をいくつかの地域に区切って，それぞれの地域ごとに福祉事務所を設置している（政令指定都市では，各行政区ごとに福祉事務所を設置することとなっており，さらに区域が広かったり，人口が多い場合には行政区内に複数の福祉事務所を設置している）。

　なお，町村の福祉事務所の設置については都道府県や市の福祉事務所にはない規定がある。例えば，①町村が単独で福祉事務所を設置することは財政的・人事的にも負担が大きいことから，いくつかの町村が一部事務組合や広域連合をつくって，そこで設置することが認められている，②町村の福祉事務所の設置に伴い，都道府県の福祉事務所の所管区域が変更になるため設置や廃止の時期が定められ，事前に都道府県知事と協議して，同意を得ることが要件とされているなどがある。

2）福祉事務所の所掌事務（社会福祉法14条5・6項）

　1990（平成2）年のいわゆる福祉関連八法改正までは，都道府県の設置する福祉事務所と市や町村が設置する福祉事務所の所掌業務は基本的には同じであり，設置自治体による差異はなかった。基本的な違いは所管地域であり，都道府県の福祉事務所は福祉事務所の設置されていない町村部を，市や町村の福祉事務所は自らの市町村の区域を所管地域としていた。こうしたことから，都道府県福祉事務所を「郡部福祉事務所」，市町村福祉事務所を「市部福祉事務所」と呼んでいる。しかし，その後の制度改正により，郡部福祉事務所と市部福祉事務所の所掌事務には大きな差異が生じている。

　現在の福祉事務所の所掌事務は図3-1のとおりである。

　図からもわかるとおり，市部福祉事務所は福祉六法を所掌しており，福祉全般にかかわる相談と援助を行う現業機関となっているが，郡部福祉事務所は，生活保護法・児童福祉法・母子及び父子並びに寡婦福祉法については，市部福祉事務所と同様に直接住民に援助を行う現業機関であるが，他の老人福祉法・身体障害者福祉法・知的障害者福祉法については市町村の連絡調整や助言・支援を行う行政機関としての役割を担うこととされている。そして，老人福祉法・身体障害者福祉法・知的障害者福祉法の現業機関としての役割は町村が受け持つこととなっている。

　このように今日では同じ福祉事務所であっても，設置自治体により所掌事務や役割は異なったものとなっている。

表3-1　福祉事務所の所員構成

所員名	一般的な呼称	社会福祉主事資格の取得要件
所長		×（査察指導員兼務なら○）
指導監督を行う所員	査察指導員，スーパーバイザー	○
現業を行う所員	現業員，ケースワーカー，地区担当員	○
事務を行う所員	事務員	×

第 3 章　福祉事務所の業務と組織

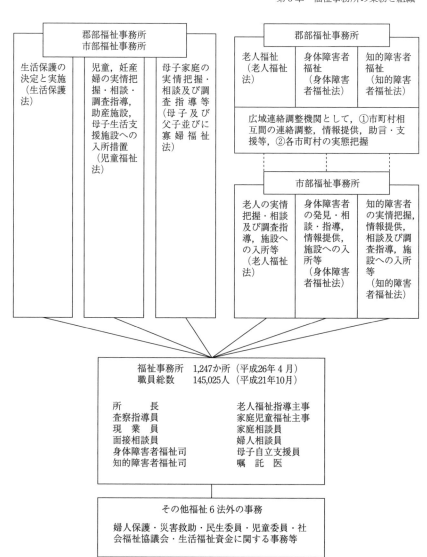

図 3-1　福祉事務所の所掌事務
出所：社会福祉の動向編集委員会編（2015）『社会福祉の動向2015』中央法規出版，32頁（筆者一部修正）。

3） 福祉事務所の組織（社会福祉法15条）

　福祉事務所の組織は表3-1の所員で構成されるとしている。ただし，所長が「指導監督を行う所員」（以下「査察指導員」）を兼務する場合には，査察指導員を省略できるが，この場合，所長は社会福祉主事資格を有することが求められる。

　なお，査察指導員も現業を行う所員（以下「現業員」）も所長の指揮監督を受けて業務を行うこととされており，その所長は設置自治体の首長である都道府県知事や市町村長の指揮監督を受けて所務を行うこととされている。福祉事務所の現業員は，ケースワーカーとして位置づけられているが，同じ地方公務員でも公立病院の医師であれば自らの診断により治療方針を決定して実行するのとは異なり福祉事務所では，行政組織として決定して実行することがケースワーク実践の原則であるとされている。

4） 福祉事務所の所員数（社会福祉法16条）

　福祉事務所の組織や所員数は，設置自治体が条例で定めることとされているが，現業員については次のとおりの標準数が社会福祉法で示されている。

　現業員の標準数は，所管区域内の生活保護受給世帯数を基準として算定される。だからといって，この標準数は生活保護法担当だけの現業員数ではなく，生活保護法を除く福祉五法の担当者数も含む現業員全体の標準数とされており[注2]，あくまでも生活保護受給世帯数を目安に福祉事務所の現業員の事務量を算定したということである。

　ここで表3-2の標準数を設置自治体ごとに比較してわかることは，配置の基準は，郡部福祉事務所が65世帯に1人の現業員であるのに対し，市部福祉事務所と町村が設置する福祉事務所は，いずれも80世帯に1人となっている

注2）　社会福祉法令研究会編（2001）『社会福祉法の解説』中央法規出版，136頁。

表 3-2　福祉事務所現業員の配置標準

郡部福祉事務所	被保護世帯数390世帯以下	左に65世帯増す毎に
現業員数	6人	1人
市部福祉事務所	被保護世帯数240世帯以下	左に80世帯増す毎に
現業員数	3人	1人
町村が設置する福祉事務所	被保護世帯数160世帯以下	左に80世帯増す毎に
現業員数	2人	1人

ことである。これは，市部も町村の福祉事務所も基本的な活動領域が自らの市町村の管内であるのに対し，郡部福祉事務所の場合，事務所の所在地から離れた担当町村まで出向くことを考え，その移動のロスを算入しての違いとなっている。

　この標準数は，1999（平成11）年に成立したいわゆる地方分権一括法（平成11年法律87号）が施行されるまでは，現業員の「法定数」として，これを満たさねばならないものとされてきたが，地方分権の趣旨から，地方公共団体の組織については地方の自主性を尊重し，地方の実状にあった組織運営を推進することから，拘束力の強い「法定数」から，あくまでも目安である「標準数」とされた。

5）所員の服務（社会福祉法17条）

　社会福祉法には査察指導員および現業員は，それぞれ同法で定められた業務のみを行うという専任規定が設けられている。ここで社会福祉法で定められた業務とは，現業員は「所の長の指揮監督を受けて，援護，育成又は更生の措置を要する者等の家庭を訪問し，又は訪問しないで，これらの者に面接し，本人の資産，環境等を調査し，保護その他の措置の必要の有無及びその種類を判断し，本人に対し生活指導を行う等の事務」（社福法15条4項）であ

り，査察指導員の業務は，現業員による現業事務の指導監督である。

このように査察指導員と現業員の専任規定を設けたのは，業務の専門性を担保するためであるが，郡部福祉事務所や市部福祉事務所では現業員の専任化も可能であるが，町村が設定する小規模の福祉事務所では専任の職員の確保が困難なことから，社会福祉法制定時から，町村福祉事務所に限り，例外的に他の社会福祉業務を行うことを認めてきた。

その後，1999（平成11）年の地方分権一括法により社会福祉事業法（当時）の規定が改正され，町村福祉事務所だけでなく，郡部福祉事務所や市部福祉事務所でも，他の社会福祉や保健医療に関する事務を兼務させることができるようになり，地方公共団体の現状や意向に沿った組織運営が可能となった。

2　福祉事務所の業務──福祉事務所業務の実際

1）福祉事務所の専門職種

福祉事務所で現業に関する業務を行う所員として制定時の社会福祉事業法が想定していたのは査察指導員と現業員であった。

しかし，その後社会福祉に関する様々な法制度が整備されるに伴い，それぞれの分野についての専門的な知識や技術が求められるようになり，福祉事務所にも専門職種が配置されることとなった。

表3-3は，現在の福祉事務所に置かれる専門職種とその主要業務および資格について示したものであるが，現業活動の基本は現業員であり，現業員に技術的指導を行ったり，現業員では対応困難な業務をそれぞれの専門職種が担当することとなっている構図がわかる。こうしたことから，資格としては現業員の資格である社会福祉主事資格が基本となり，これに一定の業務経験を重ねることが専門職種の要件とされていることがわかる。

表 3-3　福祉事務所の専門職種と主要業務および資格

職　名	主　要　業　務	資　　　格
査察指導員	福祉事務所現業事務の指導監督	・社会福祉主事（＊）
現業員	援護・育成・更生を要する者の家庭訪問，面接，調査，保護そのほかの措置の必要の判断，生活指導等	・社会福祉主事（＊）
老人福祉指導主事	老人福祉に関し，福祉事務所所員への技術的指導 老人福祉に関する情報提供，相談，調査，指導業務のうち，専門的技術を必要とする業務	・社会福祉主事であって老人福祉行政推進の中核となるに相応しい者
知的障害者福祉司	知的障害者福祉に関し，福祉事務所所員への技術的指導 知的障害者福祉に関する相談，調査，指導業務のうち，専門的技術を必要とする業務	・社会福祉主事であって知的障害者福祉従事経験2年以上の者 ・大学において指定科目を履修して卒業した者 ・医師 ・指定校卒業者 ・以上に準ずる者で知的障害者福祉司として必要な学識経験を有する者
身体障害者福祉司	（市町村の身体障害者福祉司） 身体障害者福祉に関し，福祉事務所所員への技術的指導 身体障害者福祉に関する相談，調査，指導業務のうち，専門的技術を必要とする業務	・社会福祉主事であって身体障害者福祉従事経験2年以上の者 ・大学において指定科目を履修して卒業した者 ・医師 ・指定校卒業者 ・以上に準ずる者で身体障害者福祉司として必要な学識経験を有する者

注：＊　社会福祉主事の資格
　　①大学等において厚生労働大臣の指定した社会福祉に関する教科を3科目以上履修して卒業した者
　　②厚生労働大臣の指定する養成機関または講習会の課程を修了した者
　　③社会福祉士または精神保健福祉士
出所：図3-1と同じ，34頁。

2）福祉事務所の標準的組織と業務

　図3-2（60頁）は，福祉事務所の標準的組織図として1970（昭和45）年に厚生省（現厚生労働省）が示したものである。福祉六法が1960年代前半（昭和30年代）に整備され，その運用が定着したことから，福祉六法の実施機関とし

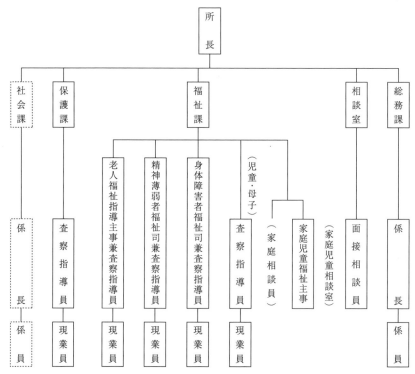

図 3-2　福祉事務所標準組織図（人口10万の場合）
出所：昭和45年4月9日社庶74号厚生省社会局長・児童家庭局長通知「福祉事務所における福祉五法の実施体制の整備について」。

てふさわしい体制の整備を図ることが意図されていた。

　この標準的組織図の特徴は次のとおりである。

　①　相談室を設置し，査察指導員と同格の面接相談員を配置した。これは福祉事務所の来訪者の多くが自らの問題状況を客観的に分析・理解できていないことから，面接を通じて課題を整理し，必要な援助や，担当する部署を明らかにし，必要に応じて他の援助機関につなげることを想定していた。このためには，現業活動に経験のあるベテラン職員を配置することで，実効ある面接が可能となり，またどのセクションが受け持つことが適当であるのか

整理することで，適切な対応の実現が期待された。

② 障害者福祉や老人福祉については，その専門性を担保するため身体障害者福祉司・知的障害者福祉司又は老人福祉指導主事が査察指導員を兼務することで現業員の業務への技術的指導を行うとともに，対応困難事例への対応を進めることとした。

③ 福祉課の中に，家庭児童相談室という児童福祉に関わる相談援助の機関を設け，家庭児童主事や家庭相談員を配置し，児童福祉法に関わる措置だけでなく，広く家庭問題全般に対応できるようにした。

④ 社会福祉の領域や制度が拡がりつつあり，福祉六法以外の社会福祉制度も重要となっており，これと福祉六法の援護等の措置を有効に組み合わせることが効果的な援助となるため，福祉六法以外の社会福祉業務を行う「社会課」を福祉事務所内に設けることで，福祉事務所長の指揮監督下で一元的制度運営を行うとともに有機的な連携の下の援助を図ることとなった。

3）大事務所制と小事務所制

制定当初の社会福祉法（施行時は「社会福祉事業法」）は福祉事務所を設置自治体の行政機関（都道府県庁や市役所）から独立した専門機関として想定していた。しかし，社会福祉法が施行された当時，市部の財政状況や組織的力量から独立機関としての設置を強く求めることが困難であったため，社会福祉事業法附則9（昭和26年）で「事務所の長は，当分の間，第16条の規定（服務の専任規定―筆者注）にかかわらず，当該都道府県又は市町村の社会福祉に関する事務をつかさどる他の職を兼ねることができる」という経過措置が設けられた。これにより，多くの市では，福祉部（福祉課）長が福祉事務所長を兼ねることで，市役所の行政機関が福祉事務所でもあるという「2枚看板」の構造がとられるようになった。この二重構造は現在でも多くの市で見られ，利用者へは市役所内の「福祉事務所長」名で通知が来るが，市役所のどこへ行っても「福祉事務所」の看板をかかげた建物やフロアはなく，「福祉事務

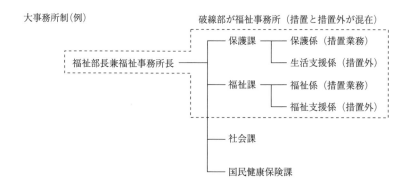

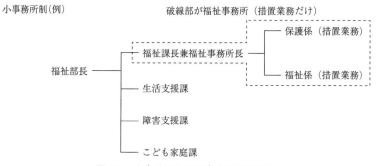

図 3-3　大事務所制と小事務所制の比較

所長」なる肩書きの役職者が見当らないという，住民からは理解しがたい事態も生じている。

　なお，この市行政機関と福祉事務所の組織重複の方式として，大事務所制と小事務所制がある。

　図 3-3 は大事務所制と小事務所制を比較したものである。

　大事務所制では，部内の各課が福祉六法による援護等の措置と福祉六法以外の援護事務や市町村独自の福祉行政を施行することとなり措置援護事務と行政事務がオーバーラップすることとなり，援護の現業機関としての性格は薄れることとなる。

　一方の小事務所制では，多くは一つの課が措置援護事務を集中して行い，

他の課は，福祉六法以外の措置事務や市町村単独の福祉行政を担当するので，区分は明確であるが，例えば，障害者福祉が措置業務とそれ以外の業務で分断されるなど縦割り行政の弊害が生じやすいといった点も指摘されている。

3　福祉事務所運営指針

　福祉事務所の組織や業務の基本的枠組は法令により定められているが，実際どのように運営するのかということが示されているのが，福祉事務所運営指針（以下「運営指針」）である。
　最初の運営指針は，1953（昭和28）年に厚生省（現厚生労働省）から示された。この当時は，まだ生活保護法・児童福祉法・身体障害者福祉法の福祉三法の時代であり，基本的にはこの三法の適正施行を促進するという性格が強く，福祉事務所の業務の実態としても生活保護法の施行が圧倒的であったことから，運営指針も生活保護の実施が主な内容であった。
　その後1960年代に入り，精神薄弱者福祉法（当時），老人福祉法，母子福祉法（当時）とあいついで社会福祉法制度が整備され，併せて地方自治体の福祉施策が進展するという新たな状況をふまえて作成されたのが1971（昭和46）年の「新福祉事務所運営指針」（以下「新運営指針」）である。ここでは，この新運営指針でうたわれた福祉事務所の業務について述べることとする。

1 ）福祉事務所の基本的な役割

　福祉事務所は，「社会福祉の第一線の行政機関」[注3]であり，救貧制度である生活保護と防貧や生活向上を図る社会福祉の両者を受け持つことで「福祉事務所が公的扶助と社会福祉の総合センターとして一元的に運営されるべきで

注3)　厚生省社会局庶務課監（1971）『新福祉事務所運営指針』全国社会福祉協議会，4頁。

ある」[注4]とし、社会の急激な変化が「多くの解決困難な問題を生じさせる結果となったが、これについては単なる所得保障によっては解決できず、各種社会福祉施策にまたなければならない[注5]」ため、「福祉事務所の機能を、従来の生活保護から、しだいにその他の社会福祉施策へと重点を移し、同時に、福祉に関する総合福祉センターとしての機能が十分発揮できるように[注6]」することとしている。

2）福祉事務所の特色

福祉事務所が、現業サービス機関であるための条件として新運営指針では次の三つがあげられている。

①迅速性
②直接性
③技術性

この三つは、住民の生活を守るセーフティネットとしての役割を担うためには必要なものであり、これが一般的な行政の事務処理機関との違いでもあるとされている。

特に技術性については、対人援助サービスであることと併せて、「査察指導員の下における日常の訓練、数多くの社会資源についての知見、事例研究を通じてのケースの診断能力の向上等によって次第に磨き上げられてゆくものである。これらの診断技術、処遇技術が社会福祉行政の専門性の中心になっている[注7]」と、その重要性を指摘している。

注4）　3）と同じ、5頁。
注5）　3）と同じ、5頁。
注6）　3）と同じ、5頁。
注7）　3）と同じ、12頁。

3）福祉事務所の業務管理

新運営指針では，福祉事務所の業務管理の中心に，福祉地区を基盤とした地域福祉計画の策定と実施を掲げている。生活と福祉の基盤となる福祉地区において，住民参加を得ながら，地域の福祉ニーズを測定し，これを計画的に充足できるように社会資源の整備や福祉サービスのネットワーク化を図ることとしている（福祉地区については，地方分権推進法による社会福祉事業法改正（1999（平成11）年）により廃止されている）。

つまり，福祉事務所は単に援護措置などの個別的な援助だけを担うのではなく，地域全体を視野にした活動を行う総合的な福祉行政機関であるとされた。

4）援助における専門性

個別的な援助では，できるだけ専門性を発揮できるように，ケースへの面接を重視するとともに，的確な査察指導を実施し，処遇困難ケースや複雑なケースについては，ケース診断や処遇方針の決定に際しては措置会議にかけて，「問題点を多面的に分析し，総合的見地から処遇方針を決定する」[注8]としている。

4　福祉事務所の組織と業務の今日的課題

このように福祉事務所については，社会福祉行政のなかで重要な役割が与えられているが，今日の福祉事務所は現実に十分対応しきれていない，理念と現実が乖離しているという批判も少なくない。

注8）　3）と同じ，93頁。

そこで福祉事務所の今日的課題を探ることとしたい。

1）福祉事務所における本来業務の縮小と非現業機関化

福祉事務所の特徴は，住民への直接的な対人援助サービスの提供にある。しかし，介護保険制度や障害者支援費制度の導入，それに続く障害者自立支援法の施行などにより，要介護認定や障害程度区分認定等の行政事務的な業務が増大し，専門技術による対人援助サービスは縮小している。

表3-4は，福祉事務所職員の配置状況であるが，対人援助サービスを担う現業員は，職員総数の約16％（表3-4）でしかない。福祉事務所全体を見ても，福祉事務所本来の業務に従事している職員は，福祉六法に関連する事務に従事する職員を含めても所員総数の約4分の1でしかない。一方で福祉事務所全体を見ると，定員外職員が約4分の1に達するほど組織的には大きくなっており，福祉事務所業務以外の福祉行政事務が増大しており，直接的な福祉援助の比重は相対的に低下していることがわかる。

特に生活保護面接相談員や総合相談担当相談員などの福祉事務所に期待された機能を担う専門的職員が専任で配置されている福祉事務所は少数となっている。加えて，現業員に占める非常勤の割合も約7人に1人になっており，福祉事務所における援助体制は制度創設時や新福祉事務所運営指針における構想とは大きく違ってきている。こうした職員構成の変化は，業務の性格変化によるものであり，福祉事務所の役割や機能が，新運営指針制定当時とは大きく変わっていることがわかる。

2）現業員等における有資格者の確保

表3-5（68頁）は，査察指導員と現業員の社会福祉主事資格の有資格率を示したものである。

有資格率は1993（平成5）年以降，長期低落傾向にあることがわかる。2009（平成21）年では，査察指導員も現業員も約3分の1以上が無資格者と

第3章 福祉事務所の業務と組織

表3-4 福祉事務所職員配置状況（2009（平成21）年10月1日現在）

	区　分	職員数（人）	
福祉事務所職員数	総　数A	145,025 ①	②／①
	（再掲）定員外職員総数	34,836 ②	24.0%
所　長	専　任B　　　　299人	1,258	
	兼　任　　　　959人		
次　長	専　任C　　　　712人	739	
	査察指導員兼務　　27人		
課　長	専　任D　　　3,585人	3,827	
	査察指導員兼務　　242人		
課長補佐・係長	専　任E　　　8,586人	10,711	
	査察指導員兼務　2,125人		
査察指導員（F）	専　任　　　　827人	3,221	
	兼　任　　　2,394人		
現業員（G）	専　任	18,838	
生活保護面接相談員	専　任H　　　　493人	3,352	
	兼　任　　　2,516人		
	非常勤　　　　343人		
総合相談担当相談員	専　任I　　　　75人	414	
	兼　任　　　　286人		
	非常勤　　　　53人		
福祉六法担当職員（J）	（B+C+D+E+F+G+H+I）	35,809	
	全体構成比（J/A）	24.7%	
福祉六法現業員数（専任）	（G+H+I）K	19,406	
福祉六法非常勤現業員数（L）		3,451	
	非常勤構成比（L/K+L）	15.0%	
福祉六法現業員数（全体）（M）	（K+L）	22,857	
	総数構成比（M/A）	15.8%	

出所：厚生労働省「福祉事務所現状調査」より筆者作成。

表3-5 資格の取得状況

(2009（平成21）年10月1日現在)

	社会福祉主事		社会福祉士		精神保健福祉士	
	査察指導員	現業員	査察指導員	現業員	査察指導員	現業員
総　　　　　数						
資格取得者数(人)	2 246	13 090	104	946	13	201
取　得　率　(％)	69.7	67.5	3.2	4.9	0.4	1.0
生活保護担当						
資格取得者数(人)	1 937	10 299	80	641	7	66
取　得　率　(％)	74.67	4.2	3.1	4.6	0.3	0.5

資料：厚生労働省「福祉事務所現況調査」。
出所：厚生労働統計協会編（2015）『厚生の指標　増刊　国民の福祉と介護の動向 2015／2016』第62巻第10号，厚生労働統計協会，239頁。

表3-6 査察指導員，現業員の有資格率の状況

(単位：％)

区　　分	平成5年10月	10年10月	11年10月	12年10月	13年10月	14年10月	15年10月	16年10月	21年10月
査察指導員	81.6	75.4	75.1	75.8	74.3	74.4	75.5	77.3	69.7
現　業　員	71.1	64.2	62.3	62.1	61.4	61.8	61.8	61.4	67.5

資料：厚生労働省「福祉事務所現況調査」。
出所：図3-1と同じ，34頁。

なっている。社会福祉の専門資格である社会福祉士・精神保健福祉士の資格取得状況を見ても，表3-6のとおり，社会福祉士資格所持者は，査察指導員で 3.2％，現業員で 4.9％，精神保健福祉士資格取得者は，査察指導員で 0.4％，現業員で 1.0％とまだまだ低い状況にある。社会福祉主事資格については，大学・短大で，厚生労働大臣が指定した科目から3科目を履修して卒業すれば有資格者になれることから，こうした現業員が「3科目主事」と呼ばれることがある。これは，社会福祉主事資格の専門性の低さを揶揄する意味もあるが，その3科目主事にも該当しない現業員が少なくない。また査察指導員が無資格者であることは，福祉事務所のサービス水準を確保するためには大きな問題と考えられる。職員採用において福祉職制度を導入する地方公共団体は増加しており，また，地方公共団体の職員で大学・短大卒業者

の比率は上昇しており，3科目主事に該当する潜在的な有資格者が増大していることを考えるなら，有資格者を積極的に福祉事務所に配置するような人事面での取り組みが地方公共団体に求められている。

引用文献

厚生労働統計協会編（2015）『厚生の指標　増刊　国民の福祉と介護の動向　2015／2016』第62巻第10号，厚生労働統計協会．
社会福祉法令研究会編（2001）『社会福祉法の解説』中央法規出版．
厚生省社会局庶務課監（1971）『新福祉事務所運営指針』全国社会福祉協議会．
社会福祉の動向編集委員会編（2015）『社会福祉の動向2015』中央法規出版．

参考文献

厚生省社会局庶務課監（1971）『新福祉事務所運営指針』全国社会福祉協議会．
松崎喜良・藤城恒昭・戸田隆一・笛木俊一編著（1997）『福祉事務所と社会福祉労働者』ミネルヴァ書房．
社会福祉法令研究会編（2001）『社会福祉法の解説』中央法規出版．
京極高宣（2002）「福祉事務所の問題構造」『京極高宣著作集1　社会福祉学』中央法規出版，203頁．

第4章

福祉事務所と関係社会資源との連携

1　連携の意義と効果

1）連携の意義

　福祉事務所は，地域住民の暮らしに直結した福祉行政の第一線現業機関として，人々のさまざまな**生活問題**等の相談にのり，サービスを提供していく役割を担っている。しかし，それらの生活問題は，疾病や失業，不登校や家族間の暴力，介護負担，貧困など多岐にわたっており，かつ，複数の問題が絡み合っていることも少なくない。したがって，社会福祉制度の提供や紹介だけでなく，対象となる人々の心理的側面や社会的な関係も視野に入れた問題の把握と，それらをふまえた多面的，総合的な援助のあり方が求められる。そのため，福祉事務所職員は，関係機関・関連専門職と連携し，各々の専門性を発揮しながら相互に協力し合い，相談援助活動を行っていく必要がある。

　また，児童，障害，高齢といった各領域や生活保護等，同一分野においても，利用者の状況や個別的ニーズに則したサービスの提供を行うためには，各機関の機能に基づく情報の共有や，双方が提供しているサービス内容の確認，役割分担などでの連携は欠かせない。

　こうした関係機関の連携において，福祉事務所は各種の相談窓口を設けていることから，住民がまっさきに相談に訪れる機関でもあり，来訪者の主訴の把握や福祉事務所における各種社会福祉サービスの紹介と同時に，他の関係機関のサービス内容も紹介し，住民が適切な援助を利用できるよう，関係

生活問題　人々の生活内部の諸変化（疾病，障害，老齢，家族構成の変化等）によって生み出される生活上の様々な困難をいう。社会福祉は，利用者を社会的に存在する人間ととらえ，生活問題をも含めたトータルな社会生活の視点から，その人らしい生活の確立を支援することを目的としている。

機関との「橋渡し」の役割をももつことが期待されている。また，寄せられた情報から，連携・協力の範囲や程度を判断し，迅速な対応が求められる場合もあり，第一線の社会福祉行政機関としての福祉事務所の役割は大きい。

2）連携の目的と範囲の明確化

　関係社会資源との連携は，その目的や範囲が明確でなければ効果的に機能しない。2005（平成17）年4月より全面施行された個人情報の保護に関する法律（平成15年法律57号）では，個人情報の取り扱いには，その利用の目的をできる限り特定し，一部の例外を除いて目的外の利用には本人の同意を得ることが必要とされている（同法15, 16条）。つまり，連携の目的や範囲が曖昧なままでの関係機関への連携要請は，利用者に不本意な援助となる可能性や，不必要な情報の垂れ流しによる利用者のプライバシーの侵害となる。また，連携する機関間での援助の譲り合いや責任の所在が不明確となる危険性を生む。

　まず援助者は，利用者自身が自己の生活問題をどうとらえ，また，どのような援助を望んでいるかを確認したうえで，その生活問題に主体的に取り組むための方法や援助内容を利用者とともに考え，同時に，関係機関との連携の目的や範囲を利用者の同意のもとに明確にすることが必要である。すなわち，連携の目的・範囲を明確にすることは，利用者のプライバシーを守り，関係する社会資源間の役割を明確にするとともに，利用者自身が自己の生活問題を確認し，主体的に取り組む手順を整えるプロセスでもある。

　また，利用者をとりまく状況の変化に伴い，連携する社会資源の間でどの機関が**キー・パーソン**となるか，その時々の利用者との関わりの程度等によってかわっていくことも考えられる。連携する機関間での協力体制や連携の

キー・パーソン（key person）　利用者の問題解決に，中心的な役割を果たす人物を指す。各種レベルの連携においては，関係機関の接点役になる人物・機関をいう。

あり方を，必要に応じて見直し，調整していく必要があろう。

2　福祉行政機関との連携

1）身体障害者更生相談所

　身体障害者更生相談所は，身体障害者福祉法11条に定められた専門技術機関として，都道府県に必置の行政機関である（指定都市は任意設置）。業務は，身体障害者の専門的判定，補装具の処方，適合判定のほか，本人や家族に対する専門的知識，技術を必要とする相談及び指導，市町村の窓口や更生相談所に出向くことのできない身体障害者等への巡回相談等とされている。また，身体障害者福祉法に定める援護は，同法9条により，在宅，施設福祉ともに，市町村が実施主体となっているため，身体障害者更生相談所は，市町村に対する情報の提供や，身体障害者更生援護施設への入所等にかかわる市町村間の連絡調整，技術的援助，助言などの事務も行う。

　市町村福祉事務所の身体障害者福祉司は，身体障害者更生相談所との連絡調整を図り，利用者援助に対する助言を受けるとともに，同機関における利用者の相談，判定，給付内容の把握等にかかわることとされている（身障法11条の2，4項）。

2）知的障害者更生相談所

　知的障害者更生相談所は，知的障害者福祉法12条に定められた専門技術機関として，都道府県に必置の行政機関である（指定都市は任意設置）。業務は，知的障害者の専門的判定，本人や家族に対する専門的知識・技術を必要とする相談および指導，更生相談所に出向くことのできない知的障害者等への巡回相談等とされている。なお，知的障害者福祉法に定める援護は，同法9条

により，在宅，施設福祉ともに，市町村が実施者となっているため，市町村に対する情報の提供や，知的障害者援護施設などへの入所等にかかわる市町村間の連絡調整，技術的援助，助言などの事務も行う。

　市町村福祉事務所の知的障害者福祉司は，知的障害者更生相談所との連絡調整を図り，利用者援助に対する助言を受けるとともに，同機関における利用者の相談，判定，給付内容の把握等にかかわるものとされている（知障法13条4項）。

3）児童相談所

　児童相談所は，児童福祉法12条に定められた児童福祉の第一線機関として，都道府県，指定都市に必置の行政機関である。児童相談所の所長および所員は，児童福祉法12条の3，13条に規定された資格を持つ者で，児童福祉司，相談員，児童心理司，医師，その他の専門職員が配置されている。業務内容は，児童の障害や育成，養護等の相談に応じ，専門的な調査，診断，判定を行い，児童や保護者に対する指導や児童福祉施設への入所措置のほか，児童の一時保護等である。

　福祉事務所によっては，家庭における児童福祉の強化のため，家庭児童相談室を設置しているところもあり，相談内容により，援助の難しいものは児童相談所が，軽易なものは福祉事務所が担当することになっている。

4）婦人相談所

　婦人相談所は，売春防止法34条により，都道府県では必置，指定都市では任意設置の行政機関である。業務としては，要保護女子の各般の問題についての相談のほか，要保護女子とその家庭についての必要な調査や専門的判定に基づく指導を行い，要保護女子の一時保護などを行っている。そのため，同機関には，一時保護の施設が併設されている。

　福祉事務所の婦人相談員は，婦人相談所と連携し，一時保護や婦人保護施

設の利用の必要性について個々に検討していく。

3　保健・医療機関との連携

　福祉事務所の福祉各法によるサービスを考えるうえで，保健・医療との連携は欠かすことができない。急激な人口の高齢化や，それに伴う慢性疾患の増加など，地域住民の暮らしに，保健・医療サービスの需要も高まってきている。近年，自治体のなかには，機構改革により保健所と福祉事務所を統合し，一つの部署で連携を密に取りながら，住民の各種相談やサービスの一本化を図っているところも見られる。両者の専門性を生かした連携，協力が必要となってきている。

1）保健所

　保健所は，地域保健法5条に基づき，都道府県，指定都市，中核市，その他の政令で定める市又は特別区が設置し，地域住民の健康の保持増進，疾病予防，環境衛生の改善など，地域における保健衛生活動を行う行政機関である。
　市町村保健センターは，健康相談，保健指導，健康診査など，地域保健に関する必要な事業を行う施設として，市町村が設置することができる（同法18条）。
　寝たきりや，認知症などの要介護高齢者，身体障害者，知的障害者，精神障害者などの暮らしには，福祉サービスの提供とともに，健康の回復や維持向上のための支援も重要である。福祉事務所の各法担当者の援助活動には，こうした保健機関の保健師との連絡調整や，協力体制の維持が欠かせない。

2）医療機関

　各種手帳の交付や，介護認定には，本人の状況を判定するうえで医師の診

断が重要な役割を果たす。また，病気療養や障害へのリハビリは，身体的，精神的，経済的な面から人々の暮らしを大きく左右する。その点で，住民の暮らしに密接なかかわりをもつ福祉事務所職員の相談援助活動には，病院やクリニックなど医療機関の医師，看護師，ソーシャルワーカーとの連携が必要である。

　病名や治療方針，治療方法や期間など，専門的な情報の収集ばかりでなく，疾病やリハビリに対して本人や家族がどのように認識しとらえているのかなどについても意見を聞き，本人や家族の意向を十分ふまえて，在宅生活等における支援体制の整備などを行っていく必要があろう。

4　施設との連携

　日本の社会福祉サービスは，在宅での支援が中心となりつつあるが，それに伴い，社会福祉施設の機能も多様化し，人々の暮らしに重要な役割を果たしている。入所による生活支援だけでなく，通所による入浴や食事サービスの提供，就労支援を目的とした食品や工芸品の製造，販売など，利用者の生活の充実や，就労の場の提供等，在宅支援においても施設の役割が欠かせない存在となっている。また，施設周辺の地域住民との交流を意図した取り組みも行われている。すなわち，在宅支援のための資源としての施設は，その施設のもつ固有の支援サービスに加え，利用者にとって社会的交流の接点ともなり得る機能を果たしており，自立支援と社会統合を目的とする福祉サービスでは，きわめて重要な役割をもっているといえる。現在の社会福祉サービスでは，社会統合の視点が重視されていることから，今後ますます福祉事務所が行う業務における地域の施設資源の活用は，そのシェアを大きくしていくことであろう。地域における社会福祉施設との連携では，おおむね以下のようなものがある。

社会福祉施設を法体系によって大別すると，保護施設，老人福祉施設，障害者支援施設，婦人保護施設，児童福祉施設，母子福祉施設，その他の社会福祉施設等，利用対象者別に区分され，さらに，入所，通所等の利用形態や施設の機能によって，多様なニーズに対応する仕組みが整えられている。

　近年では，日常的に介護が必要な障害者や高齢者にとっても，その人らしい地域生活を実現することを視野に入れ，施設の役割の見直しが行われている。その新たな取り組みが，認知症高齢者や障害者の**グループホームやケア付き住宅**であり，より小規模でアットホームな形態が取り入れられ，住人相互の支え合いやそれぞれのプライバシーに配慮した住宅化の方向が模索されている。

　また，地域に従来からある生活施設でも，デイサービスとしての余暇活動や食事，入浴サービスやショートステイ，訪問介護等を実施している。これら地域施設との連携により，利用者や家族の生活の幅を広げることが可能となろう。

　福祉事務所における相談援助活動では，施設を利用する者の生活状況や，目的，要望に合わせて施設の機能やサービスの内容を紹介し，また，利用に当たっての手続きや関係機関への連絡など，利用までの段取りを援助するとともに，施設の利用を始めてからの本人や家族の生活状況の変化にも気を配らなければならない。

　施設職員との連携は，本人にとっての施設利用が有機的に働くよう，本人や家族と情報を共有し合い，両者の立場から社会福祉の支援のあり方を考えることが重要である。

グループホーム　高齢者や障害者，児童などを対象に，地域社会のなかでの生活をめざし，小人数の利用者と世話人（職員）による家庭的な雰囲気のなかでの生活援助の一形態である。

ケア付き住宅　高齢者や障害者などを対象に，段差の解消や緊急通報装置の設置など住宅内の整備と，生活上のケアを行う職員を配置した住宅のこと。グループホームの別称としても使われる。

5　地域社会資源との連携

1）社会福祉協議会

　社会福祉協議会は，社会福祉法に規定され，一定の地域において，社会福祉を目的とする事業を経営する者，社会福祉に関する活動を行う者などの協力を得て，地域福祉の推進役として，地域の実情に則した住民の福祉の増進を図ることを目的とする民間組織である（社福法109，110条）。中央に全国社会福祉協議会が，都道府県，市町村には，それぞれの組織が結成されており，組織のレベルに合わせて事業内容が異なっている。

　全国社会福祉協議会は，都道府県社会福祉協議会の連絡組織であり，また，全国の民間社会福祉活動の推進方策について総合的な調査，研究，企画立案，広報などを行っている。

　都道府県社会福祉協議会は，社会福祉事業に従事する者の養成，研修，社会福祉事業の経営に関する指導，助言，市町村社会福祉協議会相互の連絡調整などの事業のほか，1999（平成11）年10月より，都道府県・指定都市社会福祉協議会は，認知症高齢者や知的障害者などの判断能力が不十分な人々の福祉サービスの利用援助や金銭管理等を行う「日常生活自立支援事業」も実施している。

　市町村社会福祉協議会は，社会福祉を目的とする事業の企画・実施，社会福祉に関する活動への住民参加のための援助，社会福祉を目的とする事業に関する調査，普及，宣伝，連絡，調整および助成など，地域の特性や住民のニーズに応じて，多様な活動を行っている。多くの社会福祉協議会で実施されている活動としては，①ホームヘルプサービス，デイサービス，食事・入浴サービスなどの在宅福祉サービスの運営，②高齢者スポーツ活動や家庭介

護講習などの高齢者福祉活動,③点訳・手話講習,レクリエーション活動などの障害者福祉活動,④ひとり親家庭への援助や子ども会への援助など児童福祉活動,⑤各種ボランティア活動への支援,⑥**生活福祉資金貸付制度**や各種相談活動の実施,などがある。

地域住民の福祉に密着した活動拠点の一つとして,連携していく必要がある機関である。

2)人的資源・各種協力員の活用

(1) 民生(児童委員・主任児童委員)委員

民生委員は,民生委員法に基づき市町村の区域に置かれている民間奉仕者である。厚生労働大臣から委嘱され,都道府県知事の指揮監督のもとに,地域住民の生活に関する相談に応じ,福祉サービスの情報の提供や助言,生活福祉資金貸付制度への援助などを行い,また福祉事務所その他の関係行政機関の業務に協力することなどが職務とされている。

児童委員は,児童福祉法に基づき,地域の児童や妊産婦に,保健,福祉サービスの情報提供や援助,指導を行い,また児童福祉司や福祉事務所の社会福祉主事の職務に協力することなどが職務とされ,民生委員をもって充てることとなっている。したがって,民生委員が児童委員を兼務している(民委法6条)。

地域住民の生活状況の把握や,困っている住民に福祉事務所を紹介するなど,地域と福祉事務所のパイプ役として,民生委員や児童委員との協力体制

生活福祉資金貸付制度 事業の実施主体は都道府県社会福祉協議会。低所得者,障害者,高齢者に対し,資金の貸付と民生委員による援助指導を行い,安定した生活と自立生活意欲の形成を支援することを目的とする制度。2009(平成21)年10月の見直しでは,10種類あった資金の種類が総合支援資金,福祉資金,教育支援資金,不動産担保型生活資金の4種類に統合され,利用者にとって分かりやすく,かつ,ニーズに応じた柔軟な貸付けが実施されることとなった。
なお,東日本大震災により被災した世帯の生活の復興のため,生活復興支援資金貸付も行われている。また,2015(平成27)年4月の生活困窮者自立支援法施行に伴い,制度の一部見直しが行われている。

は日頃から作っておくことが望まれる。

(2) 各種相談員

社会福祉の相談・支援には，行政機関によるものとは別に，国の助成を受けて民間の活動団体やボランティアが実施しているものがある。例えば知的障害者相談員（知障法15条の2）は，知的障害者の保護者や，教育，福祉事業に携り知的障害者の養育や自立支援を行ってきた熱意と識見のある者に委託され，その経験を生かして，他の知的障害者の相談や支援に当たっている。同様に，身体障害者相談員（身障法12条の3）についても，障害者の親の団体等が国の助成を受け，身体障害者の育成や教育，就労等の相談事業を行っている。ともに，福祉事務所の業務活動での有益な社会資源である。

(3) NPO

NPOは，nonprofit organizationの略称で，「民間非営利組織」と訳されている。アメリカの文化や制度を背景に生まれた概念であり，1980年代から，世界的に活動が目立つようになってきた。日本でNPOの語が一般に用いられるようになったのは，1998（平成10）年にNPO法「特定非営利活動促進法（平成10年法律7号）」が制定されたことによる。法の目的は，「ボランティア活動をはじめとする市民が行う自由な社会貢献活動としての特定非営利活動の健全な発展を促進し，もって公益の増進に寄与すること」（同法1条）であり，NPO法人（特定非営利活動法人）の設立には，所轄庁の認証を受け，また，事業報告書の作成や所轄庁への提出など，事業の発足，運営に当たっての義務が課せられている（同法10条）。なお，NPO法人の活動には，医療・保健・福祉，社会教育，子どもの健全育成，まちづくり，環境保全，災害救助，地域安全活動，国際協力などが挙げられる（同法2条別表）。

福祉分野では，民間ボランティア団体がNPOの法人格を取得し，介護保険などの事業を起業するケースが増えており，新たな社会福祉事業の担い手

となりつつある。こうした，NPOの活動との連携は，行政サービスでは対応が難しい個々のニーズへの対応が可能となり，また専門特化したサービス供給源の確保ともなるため，きわめて有益である。

3）地域住民およびボランティア

社会福祉の援助は，本来，利用者の生活環境（暮らし，仕事，人間関係など）のなかで課題を解決していくことが望まれる。そのためには，フォーマルなサービスだけでなく，近隣の住民などのインフォーマルな援助も大切な資源である。

1995（平成7）年1月の阪神・淡路大震災は，ボランティアの救護活動が被災地の復興に欠かせない存在であることを国民に印象づけ，2011（平成23）年3月の東日本大震災では，その重要性や意義が改めて認識された。

厚生省（現・厚生労働省）は，1993（平成5）年4月に「国民の社会福祉に関する活動への参加の促進を図るための措置に関する基本的な指針」を策定し，同年7月には，中央社会福祉審議会地域福祉専門分科会から「ボランティア活動の中長期的な振興方策について」という意見具申が出されている。これらは，ボランティア活動の振興を意図しており，参加者の自主性を尊重しながら，継続的に安定して活動が行われることを目指した基盤整備である。

このように，利用者自身や地域住民などコミュニティのさまざまな力を引き出して課題解決にあたることが，地域の活性化や地域住民の連帯強化という相乗効果を生み，地域での生活を充実させることにつながるものと期待されている。

福祉事務所の相談援助活動では，子育て支援や障害者のガイドヘルパー，高齢者の話し相手や**技能ボランティア**など，利用者の日常にさまざまな形で

技能ボランティア　専門的な知識や技術を生かしたボランティア活動のこと。理容師の施設利用者への無料理容サービスや，茶道・華道等の師範等によるクラブ活動指導，手話・点字サービスなどもこれに含まれる。

かかわるボランティアに住民が参加する機会を作り，住民相互の協力や交流を促していくことも，地域行政にかかわる福祉事務所業務の一環と考えられる。

社会福祉需要の増大，多様化，専門化の進むなかで，行政のみによる対応には限界がある。そこで，利用者ニーズに応えるために，あらゆる社会資源の開発，育成，活用および連携が不可欠となっており，とりわけ，地域の総合的福祉センターとしての福祉事務所がその機能を果たすためには，「連携」が重要な業務となっている。

参考文献
厚生労働統計協会編（2015）『厚生の指標 増刊　国民の福祉と介護の動向　2015/2016』第62巻第10号，厚生労働統計協会。
社会福祉の動向編集委員会編（2015）『社会福祉の動向2015』中央法規出版。

第 5 章

福祉事務所の運営と民生委員の役割

1 福祉事務所運営面における民生委員の位置づけ

1）民生委員（児童委員・主任児童委員）制度の概要

　民生委員は，民生委員法（昭和23年法律198号）に基づき全国の市町村の区域に置かれている民間奉仕者である。社会奉仕の精神をもって，常に住民の立場に立って相談に応じ，及び必要な援助を行い，もって社会福祉の増進に努めるものとされている（1条）。

　都道府県知事の推薦により厚生労働大臣から委嘱され（5条1項），職務に関して都道府県知事の指揮監督を受けるほか，市町村長は，援助を必要とする者に関する資料の作成を依頼し，その他民生委員の職務に関して必要な指導をすることができることとなっている（17条）。行政実例では，民生委員は非常勤・特別職の地方公務員（都道府県）と解されている。

　民生委員の職務としては，①住民の生活状態の把握，②要援助者の生活に関する相談，助言その他の援助，③要援助者の福祉サービス利用に係る必要な情報の提供その他の援助，④社会福祉事業経営者や社会福祉に関する活動を行う者との連携，⑤福祉事務所その他の関係行政機関の業務への協力という，主に個別援助活動に関するもの（14条1項）と，それら以外に地域福祉推進の担い手として幅広く捉えた，⑥住民の福祉増進活動（14条2項）がある。組織的活動を推進するため，民生委員協議会の設置が義務づけられている（20条）。

　適格要件（6条1項）や推薦の方法（5条2項等），活動の心構え（15条）等についても，民生委員法に具体的に規定されている。2014（平成25）年の改正では，定数が都道府県の条例で定めらるようになったり，市町村の民生委員推薦会の委員構成規定が削除される等，地方分権が進められた。なお，職

務上の地位の政党又は政治的目的のための利用は禁止されており（16条），他の一般要件（11条）とともに解嘱事由となる。

民生委員は，児童福祉法に基づき全員が児童委員に充てられたものとされ（児福法16条2項），また，厚生労働大臣は児童委員のうちから主任児童委員を指名するものとされている（同3項）。児童委員は，児童や妊産婦を対象として，上述した活動を行っており，主任児童委員は児童の福祉に関する機関と児童委員との連絡調整や児童委員の活動に対する援助及び協力を行っている。

民生委員の任期は3年とされている。2013（平成25）年12月の一斉改選では全国で，定数23万6,271人に対し22万9,488人が委嘱されている（充足率97,1%）。

2）協力機関の概要

民生委員は，福祉事務所の主要な事務の一つである生活保護事務において「市町村長，福祉事務所長又は社会福祉主事の事務の執行に協力するものとする」（生保法22条）とされている。同趣旨の規定は身体障害者福祉法（12条の2）や知的障害者福祉法（15条），老人福祉法（9条）にもあり，民生委員が福祉事務所の運営における重要な協力機関として位置づけられていることがわかる。

民生委員が福祉事務所の協力機関として位置づけられたことには歴史的経緯がある。民生委員制度の前身である方面委員制度は1918（大正7）年大阪府から始まり10年後には全府県に普及したが，全国の方面委員が力を尽くしたのが戦前の救護法の制定（1929（昭和4）年）と施行（1932（昭和7）年）である。社会福祉法制度が未成熟であった時代からの生活困窮者等への救済支援の取組が高く評価され，戦後，1946（昭和21）年に制定された旧生活保護法において民生委員（同年，方面委員から改称）は保護事務について市町村長の補助機関として位置づけられた（旧生法5条）。

しかし，旧生活保護法は，1946（昭和21）年に制定された憲法の理念，特に生存権の具体化のための法として1950（昭和25）年に全面改正され，現在の生活保護法となったが，新法においては，民生委員の位置づけは福祉事務所の協力機関へと変わった。補助機関から協力機関への変更の理由について，新法施行時に出された国の通知では，「（中略）旧法においては，民生委員をして市町村長の事務を補助せしめていたのであるが，勢いの赴くところ民生委員の負担を次第に加重し，且つ，この法律の執行における公的責任を曖昧にするおそれがあったため，新法においては，一定の資格要件を具備した有給専任職員を市町村長の補助機関とし，民生委員に対しては，その社会奉仕者としての性格より認められる範囲内においてこの法律による保護事務につき協力を求めることとし，以って，この法律の運用上両者の責任区分を明確にするとともに，それらの協力体制を整えた[注1]」としている。

　その後，福祉事務所への民生委員の協力事務に関連して，1962（昭和37）年と2003（平成15）年に国の通知が出され，いずれも両者の連携体制の強化を目指している。特に2003（平成15）年の国通知「生活保護制度における福祉事務所と民生委員等の関係機関との連携の在り方について」では，両者の連携について手引により具体的な指針を示している[注2]。これは，社会経済状況の変化等もあって「孤独死」などの社会問題がしばしばみられるようになったことなどに対処し，生活保護の適用漏れなどをなくす目的も込めてとられた措置と考えられる。

注1） 　昭和25年5月20日社発46号厚生事務次官通達「生活保護法の施行に関する件」。
注2） 　平成15年3月31日社援保発0331004号厚生労働省社会・援護局保護課長通知「生活保護制度における福祉事務所と民生委員等の関係機関の連携の在り方について」抜粋。

2　福祉事務所運営と民生委員活動の実際

1）生活保護制度と民生委員活動

　民生委員が生活保護法やその他の福祉関係の法律において福祉事務所の協力機関として位置づけられているのは既に述べたとおりであるが，代表的な生活保護制度についてその実際を見てみると，前述した2003（平成15）年の国通知では次のように整理されている。

　すなわち，生活保護制度の適切な運営に当たっては，要保護者の把握をはじめ，保護の要件の確認の徹底や被保護者の自立に向けた援助等を行うことが重要であり，そのためには，福祉事務所が民生委員などの関係機関と十分な連携を図ることが必要であるとされている。

　そして具体的な連携のあり方として，「要保護者の発見・連絡」に関しては，生活困窮者に関する福祉事務所への情報提供や生活困窮者に対する生活保護制度の概要等の情報提供などが，「面接相談及び保護申請時」に関しては，申請世帯の生活実態調査などが，また「保護受給中」に関しては，被保護世帯の自立に向けた援助のための処遇方針づくりに関連する情報提供などが，それぞれ挙げられている。

　もちろん，福祉事務所と民生委員の間でのみ，これらが行われるのではなく，民生委員のように福祉事務所の協力機関とは位置づけられていないが，関係機関として福祉事務所との連携が求められているものとして上記国通知では，社会保険事務所や保健福祉部局，社会福祉協議会，税務部局，公共職業安定所，労働基準監督署，運輸支局，金融機関・保険会社，小・中学校，保健所，児童相談所，配偶者暴力相談支援センター，警察署など，さまざまな機関や民間事業者などが挙げられている。

なお，生活保護制度の運営において民生委員に期待される新たな役割として，2005（平成17）年度から始まった「自立支援プログラム」の実施に伴う関係機関との連携がある。

　自立支援プログラムは，生活保護制度について，経済的な給付に加え，組織的に被保護世帯の自立を支援する制度に転換するため，その具体的実施手段として導入が推進されているものである。被保護世帯を年齢別，世帯構成別，自立阻害要因別等に類型化するとともに，必要と考えられる自立支援の方向性を明確化し，被保護者ごとに個別の支援プログラムを策定，実施することとなっており，この個別支援プログラムの整備に関して活用できる地域の社会資源として民生委員や社会福祉協議会，社会福祉法人などの民間事業者が挙げられ，それらへの外部委託等が奨励されている。[注3]

　また，2015（平成27）年度から施行された生活困窮者自立支援法（平成25年法律105号）は，生活保護に至る前の段階にある生活困窮者を支援するものであるが，この施行に当たっても民生委員の役割が期待されている。

　本法律案可決時の参議院及び衆議院の厚生労働委員会の附帯決議[注4]でも民生委員などとの連携・協力や，民生委員への必要な情報の提供，研修の実施，関係機関との効率的な連携などについて触れられているが，その趣旨に沿って国は，「地域にあって相談窓口にたどり着けない生活困窮者の発見，自立相談支援事業を始めとする関係機関へのつなぎ，関係機関と連携した見守りといった支援に積極的に関わることが期待される」として各自治体に対し必要な対応を依頼している（2015（平成27）年3月厚生労働省社会・援護局主管課長会議）。

注3）　平成17年3月31日社援発0331003号厚生労働省社会・援護局長通知「平成17年度における自立支援プログラムの基本方針について」より抜粋。
注4）　平成25年11月12日参議院厚生労働委員会，同年12月4日衆議院厚生労働委員会「生活困窮者自立支援法案に対する附帯決議」。

2）民生委員活動と個人情報

　福祉事務所の協力機関としての民生委員の位置づけに関連して，課題となっているものに，2005（平成17）年4月に施行された個人情報の保護に関する法律（平成15年法律57号）の影響がある。民生委員の活動に際して，必要な援護を要する住民等に関する個人情報が福祉事務所はじめ行政機関から得られにくくなっていることである。

　国が2010（平成22）年9月1日時点で全国の市町村を抽出して行った調査結果では，民生委員に対して何らかの個人情報を提供している市町村は85.3％，情報を提供している市町村の中で「生活保護受給世帯の情報」は62.9％などとなっている。[注5]

　民生委員が福祉事務所の協力機関として位置づけられている趣旨からも，民生委員の活動に必要な一定の情報が行政側から提供されることは必要である。守秘義務の徹底など民生委員側の取組と合わせて改善が期待されるため，国においては，前記調査結果の中で積極的に個人情報を提供している市町村の好事例を「自治体から民生委員・児童委員への個人情報の提供に関する事例集」としてとりまとめて周知したり[注6]，毎年度の厚生労働省社会・援護局関係主管課長会議において各自治体に配慮を依頼するなどしている。

注5）　平成22年9月10日社援地発910004号社会・援護局地域福祉課長通知「民生委員に対する個人情報の提供等に関する調査について」に基づく調査結果。

注6）　平成24年7月17日社会・援護局地域福祉課事務連絡「自治体から民生委員・児童委員への個人情報の提供に関する事例集について」。

第 6 章

福祉事務所の専門職員とその役割

1　福祉事務所に配置される査察指導員

　社会福祉法上，福祉事務所に配置される職員は，所長，指導監督を行う所員，現業員および事務職員である（社福法15条1項）。そのなかで福祉行政の専門職としては指導監督を行う所員と現業員が該当する。また両者ともに社会福祉主事でなければならないと規定されている（同法同条6項）。このことから両者は，福祉事務所に配置される社会福祉行政の現業業務にかかわる専門行政職員ということができる。両者のうち，指導監督を行う所員は，行政実務上「査察指導員」と呼ばれ，現業員の業務執行についての監督と業務執行上必要な助言や教示等を行うことのできる職位とされている。査察指導員が「**スーパーバイザー**」と呼ばれているゆえんでもある。

　社会福祉諸法のなかには，専門技術を有する職員として，身体障害者福祉司（身障法11条の2）や知的障害者福祉司（知障法13条）を規定し，また老人福祉法にみられるように福祉事務所長の命を受けて，その所員に対して老人福祉に関する技術的指導や専門的技術を必要とする業務を担う社会福祉主事の配置を義務づけている（同法6条）ものもある。これは，実務上老人福祉指導主事とよばれているものである。その意味では福祉事務所に配置される職員のうち，これら3種の専門職員は，所員の指導監督を行い，かつ専門技術的対応が必要なケース等も担当するものとして，社会福祉法上の指導監督を行う所員に相当する。同じく，生活保護の実施や児童・母子関係でも専門技術や豊かな経験等を駆使して現業員を指導監督し，業務執行の助言等を行う職員が配置されている。これらの職員は前記3種の専門職と異なり，法令

スーパーバイザー（supervisor）　第二次世界大戦後，占領軍総司令部（GHQ）が日本政府に提示した，1949年のいわゆる「6項目要求」の中に表記されていた。それを具体化するため，スーパービジョンを査察指導，スーパーバイザーを査察指導員と翻訳したとされている。

による名称が付されていないため，単に査察指導員とよばれている実態がある。

　因みに，身体障害者福祉司，知的障害者福祉司および老人福祉指導主事については，すべて査察指導員の業務を行う地位に置かれることになっている。

2　福祉事務所におけるおもな専門職員とその業務

1）面接相談員

　福祉事務所への相談来所者に対し，最初に接遇するのはこの職種で，来所者の相談内容や現況等を聴取し，所内の担当部署に引き継ぐのが主たる役割である。この職種では，主訴の明確化のための面接技術や制度の概要等に関する専門知識が求められている。また，来所者は，生活問題への対応に困惑しており，またそれを第三者に相談しなければならないなど，多重のストレスを感じていることが多いので，相談しやすい雰囲気作りや気配り等が求められる職種であり，かなりの経験や接遇倫理の認識が必要とされている。

2）身体障害者福祉司

　身体障害者福祉司は，身体障害者更生相談所に必置の専門職員であるが（身障法11条の2，1項），市町村の福祉事務所では，その設置は任意のものとされている（同法同条2項）。市町村の福祉事務所に配置される身体障害者福祉司は，査察指導員として所員に対して身体障害者福祉に関する技術的指導をするほか，専門的知識や技術を必要とするケースも担当する（同法同条4項）。また，身体障害者福祉司は，地方公共団体の事務職員または技術職員で，社会福祉主事として身体障害者更生援護の業務経験が2年以上ある者や医師など，法が定める有資格者のなかから任命される（同法12条）。これは，

身体障害者更生援護に関する知識や技術で現業員に助言指導できるキャリアを必要とするからである。

3）知的障害者福祉司

知的障害者福祉司は，知的障害者更生相談所に必置の専門職員であるが（知障法13条1項），市町村の福祉事務所では任意配置の専門職員とされている（同法同条2項）。市町村の知的障害者福祉司は，福祉事務所長の命を受けて，福祉事務所の所員に対する技術的指導や，知的障害者福祉に関する実情の把握，必要な情報の提供のほか，相談・調査・指導等の業務のうちその処理に専門的な知識や技術を必要とするものを担当する（同法9条3項，13条4項）。知的障害者福祉司は，地方公共団体の事務職員または技術職員の身分を有するほか，社会福祉主事の資格を有し，知的障害者福祉に関する事業に2年以上従事した経験があるなど，法が定める要件を満たした者でなければならない（同法14条）。これは，身体障害者福祉司と同様，知的障害者福祉に関する知識や技術で現業員に助言指導できるキャリアを必要とするからである。

4）老人福祉指導主事

老人福祉指導主事は，市町村が設置する福祉事務所には必置の専門職員である（老福法6条）が，都道府県の設置する福祉事務所では，任意設置の専門職員とされている（同法7条）。業務の内容や現業員に対する立場は，身体障害者福祉司や知的障害者福祉司と同様であり，福祉事務所の所員に対する技術的指導や専門的な知識や技術を必要とするケースへの対応等がそのおもな業務となっている。

5）生活保護事務担当の査察指導員

福祉事務所で日常的に査察指導員と呼ぶのは，生活保護事務に関して現業

員を指導監督する所員である。査察指導員という語は行政実務上の語であり，社会福祉法上の「指導監督を行う所員」に相当する職種である。ただ，身体障害者福祉司等のように，固有の職名が生活保護法に存在しないため，査察指導員の語だけで用いられているのが実態である。生活保護事務を担当する査察指導員は，生活保護事務の実施に関して，専門的知識，専門的技術，蓄積されたノウハウ等を駆使して現業員に対して助言指導を行い，現業員の業務執行を支える職位となっている。

6）現業員

　現業員は，社会福祉法の規定に基づいて，すべての福祉事務所に配置されている専門職員である。福祉事務所が所掌する社会福祉行政の現業事務の第一線を担い，直接利用者等と接し，そのニーズを把握して，具体的な社会福祉サービスを提供する。また，地域の社会資源と連携して，利用者の自立支援と社会統合の実践を行う社会福祉行政の専門職員である。

　その業務は，面接，相談，調査，実情の確認，要援護者の自立意識の醸成，自立のための社会資源の活用，サービス給付のための事務処理，地域社会との日常的な連携の維持など広範で多様である。

　かって現業員は，生活保護業務のケース対応が中心であったため，ケースワーカーと呼ばれてきた。しかし，今日，社会福祉の使命が「自立支援」と「社会統合」にあり，福祉行政の理念もここにあることから，現業員の業務執行における視点は，社会関係のなかで存在する人間の社会生活問題への対応に変容しつつあり，あるべき姿は「ソーシャルワーカー」でなければならない。福祉行政の倫理観が問題とされる中，現業員の平等な接遇や適切なサービスの提供が，福祉事務所の行政評価の対象となる時代となっている。現業員の質の確保が重要なゆえんである。

　現業員は，指導監督を行う所員とともに，社会福祉主事でなければならないとされている（社福法15条6項）。

7）福祉事務所における現業員と査察指導員の関係

　社会福祉法では，福祉事務所における社会福祉の現業事務を直接担当する職員として指導監督をする所員と現業員を置くこととされているが（社福法15条1項），このうち司職や老人福祉指導主事以外の指導監督所員は実務上，査察指導員と称されている。

　査察指導員と現業員の関係では，福祉事務所によっては，単法ごとにチームを構成し，査察指導員と現業員との編成によって担当領域の事務を行う場合や，生活保護事務と福祉五法に領域を区分し，生活保護事務については現業員と査察指導員の編成で事務を執行し，その他の五法領域の現業員については指導監督所員のみが各司職等を兼ねて単法を所管し，現業員は混成的に福祉五法の領域の事務を担当する執行体制もある。

　査察指導はsupervisionの意であり，査察指導員はsupervisorとも呼ばれ，業務執行におけるラインの上司として，現業員の業務執行を監査・評価・指導する職位にあるものである。さらに，査察指導員は業務執行に関して，さまざまな場面で現業員に助言等を行い，あるいは処遇困難なケースへの支援の方法をともに考えるなどして，現業員に対する**OJT**を実施する機能をも持っている。このことから，査察指導員の助言や指導を現業員が受け入れるための職場環境と，査察指導員が説得力のある専門性を持つことが，つとに必要とされている。それらは，資質，専門知識，専門技術，人脈，ノウハウの蓄積，人格，熱意，福祉倫理の認識等である。

OJT（On the Job Training）　職務を通じた研修のことで，職場の先輩や上司が，職務と関連させながら後輩もしくは部下を意図的，計画的に指導し，育成する研修である。この研修には，スーパービジョンとしての意味合いも含まれている。

3 福祉事務所職員に対する現任訓練

1）福祉事務所職員に対する現任訓練の意義と必要性

　近年，社会福祉施策が拡充され，社会福祉の支援の方法や内容は多様化している。また，福祉サービスの対象となる人々の範囲が広がる一方で，いくつもの生活問題が絡み合った複雑なケースも増えてきており，個々の支援には高度な専門的技術が求められている。このような中で，福祉事務所職員の資質の向上に現任訓練は欠かすことのできないものである。

　福祉事務所職員に対する現任訓練が法的に位置づけられたのは，1951（昭和26）年に公布，施行された社会福祉事業法においてであるが，その契機となったのは，1949（昭和24）年に厚生省とGHQが合意した6項目（表2-4, 27～29頁参照）に，福祉従事職員に対する現任訓練の実施が盛り込まれ，それを受けて，1950（昭和25）年3月17日付厚生省社乙発31号「職員の現任訓練に関する件」が通達されたことによる。その後も，身体障害者福祉法や老人福祉法など福祉各法の施行に合わせ，関係職員の知識，技能の習得を目的とした訓練強化を指示する通達が出されており，これらの経緯を経て，2000（平成12）年に改正された社会福祉法には，「この法律，生活保護法，児童福祉法，母子及び父子並びに寡婦福祉法，老人福祉法，身体障害者福祉法及び知的障害者福祉法の施行に関する事務に従事する職員の素質を向上するため，都道府県知事はその所部の職員及び市町村の職員に対し，指定都市及び中核市の長はその所部の職員に対し，それぞれ必要な訓練を行わなければならない。」（同法21条）と，都道府県を主軸とする現任訓練の実施が規定されている。

2）福祉事務所現任訓練の体系

福祉事務所職員の現任訓練は，図6-1にみられるように，都道府県，市本庁など，職場外訓練と，福祉事務所内で行う職場内訓練に大きく分かれる。いずれも，新任職員を対象とするものと，経験のある職員を対象とする現任訓練によって構成されている。さらに，職場外訓練では，管理者，指導監督職員（査察指導員），現業員，面接員等，各職位や職務に合せた内容の訓練を実施することによって，具体的な支援の質の向上とともに各福祉事務所の職員間の交流や情報交換が図られ，参加した職員それぞれの志気の高揚についても期待されている（図6-1参照）。

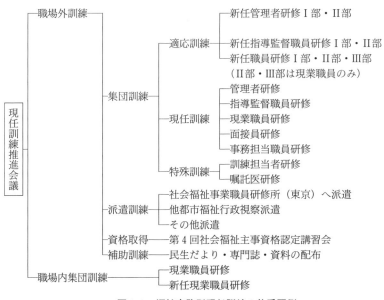

図6-1　福祉事務所現任訓練の体系図例

出所：厚生省社会局庶務課監（1971）『新福祉事務所運営指針』106頁。

3）福祉事務所現任訓練の内容

　福祉事務所現任訓練の内容は，対象とする職員が，新任から現任まで幅が広く，また職位や職務によって習得すべき知識や技術が多様であることから，多岐にわたっている。

　具体的には，社会福祉各法に対する知識，関係機関等の社会資源に関する知識や連携のあり方，面接の知識・技術，コミュニケーションの技術，医学知識，最近の地域情勢や社会的動向の把握，組織の協力体制や連携のあり方，職員養成と職務管理など，多領域の知識や技術の習得を目的として実施されている。

　現任訓練の企画・立案は，現任訓練担当課が中心となり，定型的な訓練のほかに時宜に適した企画を織り交ぜ実施するのが一般的である。また，自治体によっては，現任訓練推進会議などを設け，職員のニーズや社会情勢などを把握しながら，計画，実施，評価に至る研修管理によって，訓練内容の形骸化を防ぐ工夫も見られる。

　職員の経験や必要に応じてこれらの訓練を活用することによって，職員の資質の向上を図ることができる。しかし，福祉事務所の中には，これら現任訓練の意義や重要性が十分認識されていない職場も見受けられる。職員それぞれが質の良い福祉サービスを提供するために，職場内外の現任訓練の場の保障と内容の充実が求められるであろう。

参考文献
厚生省社会局庶務課監（1971）『新福祉事務所運営指針』全国社会福祉協議会。
社会福祉法令研究会編（2001）『社会福祉法の解説』中央法規出版。
厚生労働統計協会編（2015）『厚生の指標　増刊　国民の福祉と介護の動向　2015/2016』第62巻第10号，厚生労働統計協会。

第 7 章

社会福祉主事の専門性と倫理

1　社会福祉領域における専門性の位置

1）専門性の社会的受容の基準

　社会福祉に専門性があるとすれば，①社会福祉の実践で，他の領域と異なる理念や実践手法があること，②その業務に従事する人たちが，専門職にふさわしい専門的知識と技術を取得していること，③それらの人たちが専門職として社会的に容認され，社会的に容認された制度によりその地位が公認され，専門職集団として社会的な活動を行っていること等が検証されるものでなければならない。

　社会福祉の実践方式は，長い歴史のなかで常に社会的関心や社会的な期待と受容を背景に，これらとの関数関係のなかで生成，発展，変遷を経ながら検証と修正を重ねて今日に至っている。この実践理論や実践技術は，先行科学たる医学，社会学，心理学，哲学，宗教学等の開発した諸理論を採り入れながら，構築されてきた。社会福祉の実践理論は，人間を対象としつつも，医学における生理的存在を前提とした人間科学や，宗教学や倫理学における抽象的な人間の把握と異なり，社会的存在としての人間──すなわち社会生活を営む人間が，自己の生活目的を完遂するための手段を主体的かつ自律的に確保し，自立してその実現を図ることができるような社会的支援の確保を可能とすることを目的とする社会科学である。社会福祉援助は，具体的に存在する人間を取り巻く社会生活環境を構成する諸要素──家庭，学校，職場，交友関係，地域社会資源，扶養意識，問題解決への積極性，周辺関係者の支援等への関わりのなかで，人間の社会生活の営みにかかわる所得，労働，健康，住宅，教育，医療，経済活動，社会的交流等人間生活をとりまく全生活について全方向的ないし全側面的な視点が求められるものでなければならな

い。その意味では，「総合的アプローチ」を必要とする領域であるということができる。

2）社会福祉主事の地位の二重性

　社会福祉援助の実践が，他の領域での実践と異なるところがあるとすれば，社会的な諸サブシステムとの調整不全を自力で克服し，社会的調整不全によってもたらされている諸問題の緩和・除去に向けた個人または家族の努力や活動に対して，専門的知識や技術を駆使して行う，社会的支援性にこれを求めることができる。また，このような社会福祉援助の実践における知識や技術とその体系は，すでに多くの実践のなかで理論化され，検証を経て完成に向かいつつあるものである。これらの専門的支援活動に従事する専門職の学習内容と水準は，専門職にふさわしい専門的知識および専門的技術とその体系により構成され，社会的容認を得たカリキュラムとなっている（「社会福祉主事養成機関等指定規則（平成12年厚生省令53号）。さらに社会福祉主事の任用に当たっては，地方公務員採用要件や，また社会福祉主事として関係法規に規定する要件へ該当性についても判断をしているものである（地公法15条，社福法19条等）。その意味では，社会福祉主事は，社会福祉実践の実務における専門職としての基本的学習や体験を得た者として，かつ人格，識見ならびに社会福祉への熱意を有する職業人として，法的要件と公務員任用要件をクリアした専門職ということができる。

　地方公共団体における社会福祉主事の任用は，資格要件を満たす者に対して，任命権者が発令し，さらにこの任用に併せてまたは前後して，勤務場所や業務および職位が発令されるのが一般的である。その結果，例えば福祉事務所における担当業務の特定や，職務ないし職位として，現業員や査察指導員さらには各福祉司や指導主事等の職位に就くことになる。地方公共団体における社会福祉主事の任用では，福祉事務所以外でも社会福祉の業務に従事する専門職として，例えば児童相談所，身体障害者更生相談所，知的障害者

更生相談所等でも同様に任用され，発令される。

　社会福祉主事制度は，「社会福祉主事の設置に関する法律（昭和25年法律15号）」により創設され，その後制定された「社会福祉事業法（昭和26年法律45号，現社会福祉法の前身）」に吸収され，現在に至っている。

　ところで，社会福祉の専門職は，社会福祉の専門的知識と専門的技術の習得ならびにこれを基礎とした対人社会福祉サービスを行っているが，さらに，社会福祉援助の対象者の属性から，これら社会福祉の専門知識や専門技術の具体的駆使にあっては，職業上の倫理規範の認識が欠かせない。また，この倫理規範は社会福祉主事にとって，その身分上の特性から，二重構造を有していることも一つの特徴となっている。すなわち，社会福祉主事は，まず利用者の自立を支援するとともに，社会統合を図るための支援を実践する社会福祉の専門家であって，まぎれもなく「ソーシャルワーカー」であり，職業人としての倫理規範は，ソーシャルワーカーの倫理規範でなければならない。福祉事務所における現業員が現に「ケースワーカー」と呼ばれている実態があるが，業務内容は，単にケースを処理するだけのものではなく，「自立支援」と「社会統合」の実践でなければならないことを考え合わせると，呼称のいかんにかかわらず「ソーシャルワーカー」と認識しなければならない。また，福祉事務所の社会福祉主事は，同時に地方公務員の身分も有するから，地方公務員としての倫理規範に従うことも求められる。地方公務員は，国家公務員と同様，全体の奉仕者として日本国憲法15条の規範に従うほか，地方公務員法が規定する服務に関する倫理規定を遵守することが求められる。福祉事務所の社会福祉主事の倫理規範が二重構造を形成していると解されるのは，このためである。

2 社会福祉主事任用資格と専門学習内容

　社会福祉主事任用資格取得には，いくつかの方法がある。法文の趣旨を要約し，行政通達等を参考にして端的に表示すれば，第1は，大学で厚生労働大臣が指定する教科のうち，3科目以上を履修して卒業するコースで，その指定科目は，表7-1のとおりである。いわゆる3科目主事のコースである。第2は，全国社会福祉協議会の中央福祉学院，日本社会事業大学通信教育での社会福祉主事の養成コースである（社福法19条1項2号）。第3は，地方公務員またはこれに準ずる身分を有する高校卒業者等で，その地方公共団体等の実施する講習会で国の定める教科を履修するコースであり（同条同項同号），その指定科目は表7-2のとおりである。さらに第4は，社会福祉主事養成機関として指定された専門学校等で，規則の定める教科を履修するコースであり（同条同項），その指定科目は表7-3のとおりである。このほか社会福祉士や精神保健福祉士については，社会福祉主事の任用資格を有するものとされている（同条1項3号，5号）。

3 社会福祉主事の業務と社会福祉援助実践の原理

1）社会福祉援助実践の原理の位置づけと構成

　社会福祉援助の実践では，多様な知識および技術とその体系ならびに先人が検証しながら開発してきた多様な方法によって，対象ごとの状況に合わせてその実践が展開される。サービスの個別的妥当性を確保するためには，対象の数だけ援助の方法が必要といわれるのはこのためである。しかし，個別

表 7-1　社会福祉主事の資格に関する科目指定（いわゆる 3 科目に係る指定科目）
（昭和25年厚生省告示226号，最終改正平成12年厚告153号）

社会福祉概論，社会福祉事業史，社会福祉援助技術論，社会福祉調査論，社会福祉施設経営論，社会福祉行政論，社会保障論，公的扶助論，児童福祉論，家庭福祉論，保育理論，身体障害者福祉論，知的障害者福祉論，精神障害者保健福祉論，老人福祉論，医療社会事業論，地域福祉論，法学，民法，行政法，経済学，社会政策，経済政策，心理学，社会学，教育学，倫理学，公衆衛生学，医学一般，リハビリテーション論，看護学，介護概論，栄養学及び家政学のうち 3 科目以上

出所：社会福祉・介護福祉士・社会福祉主事制度研究会監（2009）『社会福祉士・介護福祉士・社会福祉主事関係社会通知集』第一法規出版．

表 7-2　「講習会」における講習科目（「社会福祉主事養成機関等指定規則」
（平成12年厚生省令53号，13条 2 号，同規則別表第 3，最終改正平成20年厚労令42号））

・必修科目 社会福祉概論，社会福祉行政論，社会保障論，公的扶助論，老人福祉論，身体障害者福祉論，知的障害者福祉論，精神障害者保健福祉論，児童・家庭福祉論，地域福祉論，社会福祉援助技術論，社会福祉援助技術演習，福祉事務所運営論，生活保護制度演習，介護概論，医学一般，法学，心理学，社会学 ・実習 1．福祉事務所（ 3 日以上），2．社会福祉施設，3．身体障害者更生相談所，知的障害者更生相談所，児童相談所，婦人相談所，保健所，精神保健福祉センター，老人介護支援センターその他の相談機関のうち 1 個所以上で，1．2．3 の合計が 6 日間以上．

出所：表 7-1と同じ．

表 7-3　社会福祉主事養成機関における指定科目（「社会福祉主事養成機関等指定規則」
（平成12年厚生省令53号，5 条 3 号，同規則別表第 1，最終改正平成20年厚労令42号））

・必修科目 社会福祉概論，社会福祉行政論，社会保障論，公的扶助論，老人福祉論，障害者福祉論，児童福祉論，家庭福祉論，地域福祉論，社会福祉援助技術論，社会福祉援助技術演習，福祉事務所運営論，社会福祉施設経営論，保健体育・レクリェーション，介護概論，医学一般，法学，経済学，心理学，社会学 ・実習 社会福祉現場実習，社会福祉現場実習指導 ・その他 必修科目又はそれ以外の科目

注：2008（平成20）年 3 月24日現在，表 9-3（「社会福祉主事養成機関等指定規則」）の最終改正は，平成20年厚労令42号．指定科目変わらず．
出所：表 7-1と同じ．

性，具体性に偏するときは，社会福祉援助の実践に関する基本的視点が希薄となり，援助の理念，目的，限界等援助に内在する基本的原理を軽視する結果ともなりかねない。その結果，ときに援助の基本姿勢に統一性を欠き，利用者に過大な期待や失望さらには混乱等を生じさせる場合も考えられる。社会福祉援助実践の原理や原則が，理論的ないし実証的に研究されてきたのはこのためである。社会福祉援助実践の原理は，援助技術の具体的展開で重要な視点や姿勢となるものであり，次章以降の社会福祉援助技術の展開での理念的基礎を与えてくれるものである。

社会福祉援助実践の原理に関する所説は，研究者により多少の差異があるが，ここでは比較的通説的な地位にある岡村重夫の所説[注1]を基本に，福祉事務所の実務に目を向けながら，社会福祉援助実践の原理を概説することとする。

岡村は，社会福祉援助技術実践の原理として，「全体性の原理」「社会性の原理」「主体性の原理」，および「現実性の原理」を挙げている。

2）全体性の原理

全体性の原理とは，利用者に対する援助にあっては，所得や医療等特定の側面を捉えてその問題を解決するのではなく，利用者がかかわる社会生活関係のすべての側面について問題を把握し，社会的存在としての人間の持つ諸問題に対して多角的かつ総合的に援助を展開する必要があるとする原理である。このことは利用者を多面的社会関係で捉え，顕在的要支援状態のみに目を奪われることなく，それをもたらしている潜在的要支援状況や事項についても配慮する必要があることを示している。

所得，疾病，就労，家族関係等の要支援事項は，一つの顕在的側面に過ぎず，その背後にあって顕在的要支援状況発生の要因となっているものの除去等についても援助実践の対象としていく必要がある。例えば，医療扶助申請

注1） 岡村重夫（1983）『社会福祉原論』全国社会福祉協議会，93〜103頁。

の原因となっている臓器機能の不全の改善や臨床症状の除去・緩和にあっても，医療の現物給付に併せて本人の積極的療養姿勢の醸成や療養の継続に伴う不安の軽減，家族関係や職場関係等の諸問題についても，診療機関や職場関係者等との連携により，本人の積極的療養意欲を導き出すための支援が必要である。

3) 社会性の原理

社会性の原理とは，社会福祉援助の実践では，常に利用者と利用者を取り巻く社会との関係状況を凝視すべきであるという原理である。例えば疾病や失業等への対応にあっても，それをもたらす社会的背景にも目を向け，利用者の主体的努力に併せ，要支援状況の遠因となっているものの除去等についての支援が，実践者側の支援過程のなかに存在する。潜在的ないし遠因的状況の除去や緩和のためには，利用者への活用可能な社会サービスに関する情報の提供，利用者の選択を誤らせることのないような的確な助言や指導，潜在的問題状況の調査確認と解決のための方途の検討等が必要となってくる。そして，存在する諸関連サービスの弾力的活用や制度そのもののあり方等に関する検証に基づいて，ときには必要に応じて，合法的な活動により社会システムの変革を求めることも広い意味では，社会福祉援助実践活動（ソーシャルアクション）の範囲に含まれると解すべきであろう。

4) 主体性の原理

社会福祉援助実践の目的は利用者の自立であり，援助の実践は自立支援のための手段である。社会福祉サービスの利用は，あくまでも利用者が自立するためのものであり，自律的選択は，同時に選択結果についての自己責任も生ずるものであり，これにより自立を主体的に確保することとなるものである。サービスのお仕着せや高圧的給付と利用者に対する受忍の強要は，自立意欲をそぎ，利用者にホスピタリズムを派生させる結果ともなって，社会福

祉の目的たる「自立支援」を全うすることができないこととなる。

　自立意欲，自己決定と選択結果に対する自己責任の認識等は自立における主体性の確保で欠かすことのできないものであり，自立に到達した場合の満足感や達成感といった質的側面の充足では不可欠の要素となっている。ソーシャルワーカーは，利用者の主体性を尊重し，自己決定を可能とする正しい情報の提供と利用に関する助言等の支援および自立に向けての意欲を醸成するためのエンパワメント等に徹することが求められるのである。

5）現実性の原理

　現実性の原理とは，利用者の要望やニーズと社会福祉サービスとの間には開差があり，すべてのニーズに応えきれないという原理である。たしかに利用者の要望は無限に近く，まして個別需要に目を向ければ，際限のない福祉需要が存在することが考えられる。しかし，その需要に対し社会が提供できる供給には限界があり，利用者すべての要望に対応しきれない実態があるということである。現実性の原理は，援助の有限性の認識を求める原理でもある。また一定段階に到達した社会福祉サービスの水準のさらなる充実・整備では，緊急性が乏しい場合には一定のタイムラグが生ずる場合も少なくない。ただ，実践の段階では，施策の不存在についての告知ばかりではなく，社会福祉サービスの弾力的運用やそれを可能とする方途についての外部専門家や関連機関の意見や助言の聴取，さらには地域社会に存在する活用可能な人的・物的・機能的諸資源との調整によって，次善の支援を開発する等の努力が求められることになる。現実性の原理は，施策メニューの不備を合理化するものではなく，その不備を実践段階での工夫・調整・連携等の方法によって弾力的に利用者のニーズに応えるための努力を求めることも示唆していると解する。

4 社会福祉主事の業務と倫理

1）社会福祉主事の倫理規範の二重構造

　ソーシャルワーカーが専門職であるためには，業務についての専門知識，専門技術の習得は不可欠であるが，さらにこれらに偏することなく専門職としての倫理の涵養も必要である。社会福祉サービス利用者の共通的属性として，不安，躊躇，劣等感等複雑な心理状況のなかで福祉事務所等を訪れる場合少なくないことや自立の過程で社会的・心理的支援を必要とする利用者の少なくないことを考えれば，援助の実践者に倫理規範を十分認識していることが求められるのは当然である。その意味では，社会福祉主事は，社会福祉の専門職として知識，技術および倫理規範について均衡ある体得をしていることが求められるのである。

　ところで，社会福祉主事は，ソーシャルワーカーとしての専門職であると同時に，地方公務員であることから，その倫理規範はソーシャルワーカーとしての倫理規範と公務員の身分を有することにより生ずる公務員倫理とにより構成される。前者は，ソーシャルワーカーとしての一般的倫理規範であり，すべての社会福祉従事者を倫理的に拘束するものであり，後者は，公務員に任命されたことにより，関係法規により遵守を強制される倫理規範である。とりわけ福祉事務所を含む地方公共団体が管理運営する社会福祉関係の機関や施設で地方公務員の身分を持ちつつ業務を行う者は，その身分に由来する倫理規範の拘束を受けることになる。その意味では，福祉事務所に勤務する社会福祉主事の倫理規範は，二重構造を形成しているといえる。

2) ソーシャルワーカーの倫理規範

2005 (平成17) 年に公表された「ソーシャルワーカーの倫理綱領」(表7-4) は,ソーシャルワーカーに共通する倫理規範として制定され,すでに社会福祉専門職団体協議会 (社専協) 加盟の各団体により採択されたものである。[注2]

ここではソーシャルワーカーについて,「ソーシャルワーク専門職は,人間の福利 (ウエルビーイング) の増進を目指して,社会福祉事業の変革を進め,人間関係における問題解決を図り,人々のエンパワメントと解放を促していく。」とし,また,ソーシャルワークの定義として「ソーシャルワークは,人間の行動の社会システムに関する理論を利用して,人びとがその環境と相互に影響し合う接点に介入する。」とし,さらに,ソーシャルワーカーの認識として,「われわれは,ソーシャルワークの知識,技術の専門性と倫理性の維持,向上が,専門職の責務であるばかりでなく,サービス利用者は勿論,社会全体の利益に密接に関連していることを認識し,本綱領を制定して,これを遵守することを誓約する者により,専門職団体を組織する。」と宣言している。そしてソーシャルワークの価値と原則については,①「人間の尊厳」,②「社会正義」,③「社会正義の実現への貢献」,④「倫理綱領への誠実」,⑤「専門的力量の発揮等」であることを宣言している。この倫理綱領における倫理基準は4項目から成り,それぞれ遵守すべき事項を掲げているが,その大略は次のとおりである。

　a．利用者に対する責任──①利用者との関係,②利用者利益の最優先,③受容,④説明責任,⑤利用者の自己決定の尊重,⑥利用者の意思決定能力への対応,⑦プライバシーの尊重,⑧秘密の保持,⑨記録

注2) 採択している団体は,日本ソーシャルワーカー協会,日本医療社会事業協会 (現・日本医療ソーシャルワーカー協会),日本精神保健福祉士協会である。

の開示,⑩情報の共有,⑪性的差別,虐待の禁止,⑫権利侵害の防止

　b．実践現場における倫理責任──①最良の実践を行う責務,②他の専門職との連携・協働,③実践現場と綱領の遵守,④業務改善の推進

　c．社会に対する倫理責任──①ソーシャルインクルージョン,②社会への働きかけ,③国際社会への働きかけ

　d．専門職としての倫理責任──①専門職の啓発,②信用失墜行為の禁止,③社会的信用の保持,④専門職の擁護,⑤専門性の向上,⑥教育・訓練・管理における責務,⑦調査および研究

　社団法人日本社会福祉士会も,内容的には同様の倫理綱領を2005（平成17）年6月に採択している。さらに,同会では倫理綱領に基づき,別途「社会福祉士の行動規範」（表7-5参照）を定め,社会福祉士業務の実践での行動の指針として示している。

　「ソーシャルワーク専門職のグローバル定義」については,2014年7月にオーストラリアのメルボルンにおける「国際ソーシャルワーカー連盟（IFSW）」総会及び「国際ソーシャルワーク学校連盟（IASSW）」総会において新たな定義が採択された。日本語定義の作業は社会福祉専門職団体協議会（〔NPO〕日本ソーシャルワーカー協会,〔公社〕日本社会福祉士会,〔公社〕日本医療社会福祉協会,〔公社〕日本精神保健福祉士協会）と〔一社〕日本社会福祉教育学校連盟）が協働で行った。2015（平成27）年2月13日,IFSWとしては日本語訳,IASSWは公用語である日本語定義として決定した（第10章参照）。

　上記を踏まえ,日本ソーシャルワーカー連盟（会員団体：日本社会福祉士会,日本精神保健福祉士協会,日本医療ソーシャルワーカー協会,日本ソーシャルワーカー協会）は,合同で設置した倫理綱領委員会での検討を経て,2020年6月2日付で,ソーシャルワーカーの倫理綱領を改定した。また日本社会福祉士会

は，2020年6月30日付で社会福祉士の倫理綱領を，2021年3月20日で社会福祉士の行動規範を，それぞれ新たに採択した。重版にあたり，巻末資料に掲載する。

表 7-4 「ソーシャルワーカーの倫理綱領」

前　文

　われわれソーシャルワーカーは，すべての人が人間としての尊厳を有し，価値ある存在であり，平等であることを深く認識する。われわれは平和を擁護し，社会正義，人権，集団的責任，多様性尊重および全人的存在の原理に則り，人々がつながりを実感できる社会への変革と社会的包摂の実現をめざす専門職であり，多様な人々や組織と協働することを言明する。

　われわれは，社会システムおよび自然的・地理的環境と人々の生活が相互に関連していることに着目する。社会変動が環境破壊および人間疎外をもたらしている状況にあって，この専門職が社会にとって不可欠であることを自覚するとともに，ソーシャルワーカーの職責についての一般社会および市民の理解を深め，その啓発に努める。

　われわれは，われわれの加盟する国際ソーシャルワーカー連盟と国際ソーシャルワーク教育学校連盟が採択した，次の「ソーシャルワーク専門職のグローバル定義」（2014年7月）を，ソーシャルワーク実践の基盤となるものとして認識し，その実践の拠り所とする。

〈ソーシャルワーク専門職のグローバル定義〉

　ソーシャルワークは，社会変革と社会開発，社会的結束，および人々のエンパワメントと解放を促進する，実践に基づいた専門職であり学問である。社会正義，人権，集団的責任，および多様性尊重の諸原理は，ソーシャルワークの中核をなす。ソーシャルワークの理論，社会科学，人文学，および地域・民族固有の知を基盤として，ソーシャルワークは，生活課題に取り組みウェルビーイングを高めるよう，人々やさまざまな構造に働きかける。

　この定義は，各国および世界の各地域で展開してもよい。(IFSW；2014.7.) ※注1

　われわれは，ソーシャルワークの知識，技術の専門性と倫理性の維持，向上が専門職の責務であることを認識し，本綱領を制定してこれを遵守することを誓約する。

原　理

I　（人間の尊厳）
ソーシャルワーカーは，すべての人々を，出自，人種，民族，国籍，性別，性自認，性的指向，年齢，身体的精神的状況，宗教的文化的背景，社会的地位，経済状況などの違いにかかわらず，かけがえのない存在として尊重する。

II　（人　権）
ソーシャルワーカーは，すべての人々を生まれながらにして侵すことのできない権利を有する存在であることを認識し，いかなる理由によってもその権利の抑圧・侵害・略奪を容認しない。

III　（社会正義）
ソーシャルワーカーは，差別，貧困，抑圧，排除，無関心，暴力，環境破壊などの無い，自由，平等，共生に基づく社会正義の実現をめざす。

IV　（集団的責任）
ソーシャルワーカーは，集団の有する力と責任を認識し，人と環境の双方に働きかけて，互恵的な社会の実現に貢献する。

Ⅴ （多様性の尊重）
ソーシャルワーカーは，個人，家族，集団，地域社会に存在する多様性を認識し，それらを尊重する社会の実現をめざす。

Ⅵ （全人的存在）
ソーシャルワーカーは，すべての人々を生物的，心理的，社会的，文化的，スピリチュアルな側面からなる全人的な存在として認識する。

倫理基準

Ⅰ．クライエントに対する倫理責任

1．（クライエントとの関係）
ソーシャルワーカーは，クライエントとの専門的援助関係を最も大切にし，それを自己の利益のために利用しない。
2．（クライエントの利益の最優先）
ソーシャルワーカーは，業務の遂行に際して，クライエントの利益を最優先に考える。
3．（受　容）
ソーシャルワーカーは，自らの先入観や偏見を排し，クライエントをあるがままに受容する。
4．（説明責任）
ソーシャルワーカーは，クライエントに必要な情報を適切な方法・わかりやすい表現を用いて提供する。
5．（クライエントの自己決定の尊重）
ソーシャルワーカーは，クライエントの自己決定を尊重し，クライエントがその権利を十分に理解し，活用できるようにする。また，ソーシャルワーカーは，クライエントの自己決定が本人の生命や健康を大きく損ねる場合や，他者の権利を脅かすような場合は，人と環境の相互作用の視点からクライエントとそこに関係する人々相互のウェルビーイングの調和を図ることに努める。
6．（参加の促進）
ソーシャルワーカーは，クライエントが自らの人生に影響を及ぼす決定や行動のすべての局面において，完全な関与と参加を促進する。
7．（クライエントの意思決定への対応）
ソーシャルワーカーは，意思決定が困難なクライエントに対して，常に最善の方法を用いて利益と権利を擁護する。
8．（プライバシーの尊重と秘密の保持）
ソーシャルワーカーは，クライエントのプライバシーを尊重し秘密を保持する。
9．（記録の開示）
ソーシャルワーカーは，クライエントから記録の開示の要求があった場合，非開示とすべき正当な事由がない限り，クライエントに記録を開示する。
10．（差別や虐待の禁止）
ソーシャルワーカーは，クライエントに対していかなる差別・虐待もしない。
11．（権利擁護）
ソーシャルワーカーは，クライエントの権利を擁護し，その権利の行使を促進する。
12．（情報処理技術の適切な使用）
ソーシャルワーカーは，情報処理技術の利用がクライエントの権利を侵害する危険性があることを認識し，その適切な使用に努める。

Ⅱ．組織・職場に対する倫理責任

1．（最良の実践を行う責務）
ソーシャルワーカーは，自らが属する組織・職場の基本的な使命や理念を認識し，最良の業務を遂行する。

2．(同僚などへの敬意)
ソーシャルワーカーは、組織・職場内のどのような立場にあっても、同僚および他の専門職などに敬意を払う。

3．(倫理綱領の理解の促進)
ソーシャルワーカーは、組織・職場において本倫理綱領が認識されるよう働きかける。

4．(倫理的実践の推進)
ソーシャルワーカーは、組織・職場の方針、規則、業務命令がソーシャルワークの倫理的実践を妨げる場合は、適切・妥当な方法・手段によって提言し、改善を図る。

5．(組織内アドボカシーの促進)
ソーシャルワーカーは、組織・職場におけるあらゆる虐待または差別的・抑圧的な行為の予防および防止の促進を図る。

6．(組織改革)
ソーシャルワーカーは、人々のニーズや社会状況の変化に応じて組織・職場の機能を評価し必要な改革を図る。

Ⅲ．社会に対する倫理責任

1．(ソーシャル・インクルージョン)
ソーシャルワーカーは、あらゆる差別、貧困、抑圧、排除、無関心、暴力、環境破壊などに立ち向かい、包摂的な社会をめざす。

2．(社会への働きかけ)
ソーシャルワーカーは、人権と社会正義の増進において変革と開発が必要であるとみなすとき、人々の主体性を活かしながら、社会に働きかける。

3．(グローバル社会への働きかけ)
ソーシャルワーカーは、人権と社会正義に関する課題を解決するため、全世界のソーシャルワーカーと連帯し、グローバル社会に働きかける。

Ⅳ．専門職としての倫理責任

1．(専門性の向上)
ソーシャルワーカーは、最良の実践を行うために、必要な資格を所持し、専門性の向上に努める。

2．(専門職の啓発)
ソーシャルワーカーは、クライエント・他の専門職・市民に専門職としての実践を適切な手段をもって伝え、社会的信用を高めるよう努める。

3．(信用失墜行為の禁止)
ソーシャルワーカーは、自分の権限の乱用や品位を傷つける行いなど、専門職全体の信用失墜となるような行為をしてはならない。

4．(社会的信用の保持)
ソーシャルワーカーは、他のソーシャルワーカーが専門職業の社会的信用を損なうような場合、本人にその事実を知らせ、必要な対応を促す。

5．(専門職の擁護)
ソーシャルワーカーは、不当な批判を受けることがあれば、専門職として連帯し、その立場を擁護する。

6．(教育・訓練・管理における責務)　ソーシャルワーカーは、教育・訓練・管理を行う場合、それらを受ける人の人権を尊重し、専門性の向上に寄与する。

7．(調査・研究)
ソーシャルワーカーは、すべての調査・研究過程で、クライエントを含む研究対象の権利を尊重し、研究対象との関係に十分に注意を払い、倫理性を確保する。

8．(自己管理)
ソーシャルワーカーは、何らかの個人的・社会的な困難に直面し、それが専門的判断や業

務遂行に影響する場合，クライエントや他の人々を守るために必要な対応を行い，自己管	理に努める。

注1．本綱領には「ソーシャルワーク専門職のグローバル定義」の本文のみを掲載してある。なお，アジア太平洋（2016年）および日本（2017年）における展開が制定されている。
注2．本綱領にいう「ソーシャルワーカー」とは，本倫理綱領を遵守することを誓約し，ソーシャルワークに携わる者をさす。
注3．本綱領にいう「クライエント」とは，「ソーシャルワーク専門職のグローバル定義」に照らし，ソーシャルワーカーに支援を求める人々，ソーシャルワークが必要な人々および変革や開発，結束の必要な社会に含まれるすべての人々をさす。
資料：日本ソーシャルワーカー連盟ホームページ。

表7-5 「社会福祉士の倫理綱領」

前　文

　われわれ社会福祉士は，すべての人が人間としての尊厳を有し，価値ある存在であり，平等であることを深く認識する。われわれは平和を擁護し，社会正義，人権，集団的責任，多様性尊重および全人的存在の原理に則り，人々がつながりを実感できる社会への変革と社会的包摂の実現をめざす専門職であり，多様な人々や組織と協働することを言明する。

　われわれは，社会システムおよび自然的・地理的環境と人々の生活が相互に関連していることに着目する。社会変動が環境破壊および人間疎外をもたらしている状況にあって，この専門職が社会にとって不可欠であることを自覚するとともに，社会福祉士の職責についての一般社会及び市民の理解を深め，その啓発に努める。

　われわれは，われわれの加盟する国際ソーシャルワーカー連盟と国際ソーシャルワーク教育学校連盟が採択した，次の「ソーシャルワーク専門職のグローバル定義」(2014年7月)を，ソーシャルワーク実践の基盤となるものとして認識し，その実践の拠り所とする。

> ソーシャルワーク専門職のグローバル定義
> 　ソーシャルワークは，社会変革と社会開発，社会的結束，および人々のエンパワメントと解放を促進する，実践に基づいた専門職であり学問である。社会正義，人権，集団的責任，および多様性尊重の諸原理は，ソーシャルワークの中核をなす。ソーシャルワークの理論，社会科学，人文学，および地域・民族固有の知を基盤として，ソーシャルワークは，生活課題に取り組みウェルビーイングを高めるよう，人々やさまざまな構造に働きかける。
> 　この定義は，各国および世界の各地域で展開してもよい。
> （IFSW；2014.7.）　※注1

　われわれは，ソーシャルワークの知識，技術の専門性と倫理性の維持，向上が専門職の責務である ことを認識し，本綱領を制定してこれを遵守することを誓約する。

原　理

I （人間の尊厳）
社会福祉士は，すべての人々を，出自，人種，民族，国籍，性別，性自認，性的指向，年齢，身体的精神的状況，宗教的文化的背景，社会的地位，経済状況などの違いにかかわらず，かけがえのない存在として尊重する。

II （人　権）
社会福祉士は，すべての人々を生まれながらにして侵すことのできない権利を有する存在であることを認識し，いかなる理由によってもその権利の抑圧・侵害・略奪を容認しない。

III （社会正義）
社会福祉士は，差別，貧困，抑圧，排除，無関心，暴力，環境破壊などの無い，自由，平等，共生に基づく社会正義の実現をめざす。

IV （集団的責任）
社会福祉士は，集団の有する力と責任を認識し，人と環境の双方に働きかけて，互恵的な社会の実現に貢献する。

V （多様性の尊重）
社会福祉士は，個人，家族，集団，地域社会

に存在する多様性を認識し，それらを尊重する社会の実現をめざす。

Ⅵ（全人的存在）
社会福祉士は，すべての人々を生物的，心理的，社会的，文化的，スピリチュアルな側面からなる全人的な存在として認識する。

倫理基準

Ⅰ　クライエントに対する倫理責任

1．（クライエントとの関係）
社会福祉士は，クライエントとの専門的援助関係を最も大切にし，それを自己の利益のために利用しない。
2．（クライエントの利益の最優先）
社会福祉士は，業務の遂行に際して，クライエントの利益を最優先に考える。
3．（受　容）
社会福祉士は，自らの先入観や偏見を排し，クライエントをあるがままに受容する。
4．（説明責任）
社会福祉士は，クライエントに必要な情報を適切な方法・わかりやすい表現を用いて提供する。
5．（クライエントの自己決定の尊重）
社会福祉士は，クライエントの自己決定を尊重し，クライエントがその権利を十分に理解し，活用できるようにする。また，社会福祉士は，クライエントの自己決定が本人の生命や健康を大きく損ねる場合や，他者の権利を脅かすような場合は，人と環境の相互作用の視点からクライエントとそこに関係する人々相互のウェルビーイングの調和を図ることに努める。
6．（参加の促進）
社会福祉士は，クライエントが自らの人生に影響を及ぼす決定や行動のすべての局面において，完全な関与と参加を促進する。
7．（クライエントの意思決定への対応）
社会福祉士は，意思決定が困難なクライエントに対して，常に最善の方法を用いて利益と権利を擁護する。
8．（プライバシーの尊重と秘密の保持）
社会福祉士は，クライエントのプライバシーを尊重し秘密を保持する。
9．（記録の開示）
社会福祉士は，クライエントから記録の開示の要求があった場合，非開示とすべき正当な事由がない限り，クライエントに記録を開示する。
10．（差別や虐待の禁止）
社会福祉士は，クライエントに対していかなる差別・虐待もしない。
11．（権利擁護）
社会福祉士は，クライエントの権利を擁護し，その権利の行使を促進する。
12．（情報処理技術の適切な使用）
社会福祉士は，情報処理技術の利用がクライエントの権利を侵害する危険性があることを認識し，その適切な使用に努める。

Ⅱ　組織・職場に対する倫理責任

1．（最良の実践を行う責務）
社会福祉士は，自らが属する組織・職場の基本的な使命や理念を認識し，最良の業務を遂行する。
2．（同僚などへの敬意）
社会福祉士は，組織・職場内のどのような立場にあっても，同僚および他の専門職などに敬意を払う。
3．（倫理綱領の理解の促進）
社会福祉士は，組織・職場において本倫理綱領が認識されるよう働きかける。
4．（倫理的実践の推進）

社会福祉士は，組織・職場の方針，規則，業務命令がソーシャルワークの倫理的実践を妨げる場合は，適切・妥当な方法・手段によって提言し，改善を図る。

5．（組織内アドボカシーの促進）
社会福祉士は，組織・職場におけるあらゆる虐待または差別的・抑圧的な行為の予防および防止の促進を図る。

6．（組織改革）
社会福祉士は，人々のニーズや社会状況の変化に応じて組織・職場の機能を評価し必要な改革を図る。

Ⅲ　社会に対する倫理責任

1．（ソーシャル・インクルージョン）
社会福祉士は，あらゆる差別，貧困，抑圧，排除，無関心，暴力，環境破壊などに立ち向かい，包摂的な社会をめざす。

2．（社会への働きかけ）
社会福祉士は，人権と社会正義の増進において変革と開発が必要であるとみなすとき，人々の主体性を活かしながら，社会に働きかける。

3．（グローバル社会への働きかけ）
社会福祉士は，人権と社会正義に関する課題を解決するため，全世界のソーシャルワーカーと連帯し，グローバル社会に働きかける。

Ⅳ　専門職としての倫理責任

1．（専門性の向上）
社会福祉士は，最良の実践を行うために，必要な資格を所持し，専門性の向上に努める。

2．（専門職の啓発）
社会福祉士は，クライエント・他の専門職・市民に専門職としての実践を適切な手段をもって伝え，社会的信用を高めるよう努める。

3．（信用失墜行為の禁止）
社会福祉士は，自分の権限の乱用や品位を傷つける行いなど，専門職全体の信用失墜となるような行為をしてはならない。

4．（社会的信用の保持）
社会福祉士は，他の社会福祉士が専門職業の社会的信用を損なうような場合，本人にその事実を知らせ，必要な対応を促す。

5．（専門職の擁護）
社会福祉士は，不当な批判を受けることがあれば，専門職として連帯し，その立場を擁護する。

6．（教育・訓練・管理における責務）
社会福祉士は，教育・訓練・管理を行う場合，それらを受ける人の人権を尊重し，専門性の向上に寄与する。

7．（調査・研究）
社会福祉士は，すべての調査・研究過程で，クライエントを含む研究対象の権利を尊重し，研究対象との関係に十分に注意を払い，倫理性を確保する。

8．（自己管理）
社会福祉士は，何らかの個人的・社会的な困難に直面し，それが専門的判断や業務遂行に影響する場合，クライエントや他の人々を守るために必要な対応を行い，自己管理に努める。

注1　本綱領には「ソーシャルワーク専門職のグローバル定義」の本文のみを掲載してある。なお，アジア太平洋（2016年）および日本（2017年）における展開が制定されている。
注2　本綱領にいう「社会福祉士」とは，本倫理綱領を遵守することを誓約し，ソーシャルワークに携わる者をさす。
注3　本綱領にいう「クライエント」とは，「ソーシャルワーク専門職のグローバル定義」に照らし，ソーシャルワーカーに支援を求める人々，ソーシャルワークが必要な人々および変革や開発，結束の必要な社会に含まれるすべての人々をさす。
資料：公益社団法人日本社会福祉士会ホームページ。

3）地方公務員の倫理規範

　憲法15条2項は「すべて公務員は，全体の奉仕者であつて一部の奉仕者ではない。」と規定し，これを受けて地方公務員法30条は，「すべて職員は，全体の奉仕者として公共の利益のために勤務し，且つ，職務の遂行に当つては，全力を挙げてこれに専念しなければならない。」と規定する。このことは地方公務員倫理の総則として，「全体の奉仕者」「公共の利益の実現」「職務への専念」が存在し，さらに職務執行上の服務についての規定が地方公務員の具体的な倫理規範を構成している。「服務」とは，職務に「服」する職員が遵守すべき義「務」を意味し，法的規定による服務規律の機能を果たしている。

　各地方公共団体では，地方公務員採用後服務の宣誓（地公法31条）を行い，服務上の義務を確認し，倫理的自覚を促している。なお，地方公務員法における服務に関する規定およびこれに違反した場合の罰則等はおおむね次のとおりである。

　服務基準としては，①服務の宣誓（地公法31条），②法令等及び上司の職務上の命令に従う義務（32条），③信用失墜行為の禁止（33条），④秘密を守る義務（34条），⑤職務に専念する義務（35条），⑥政治的行為の制限（36条），⑦争議行為の禁止（37条），⑧営利企業等の従事制限（38条）であり，またこれに反した場合の罰則では，①秘密保持義務違反に対する懲役又は罰金の罰則（60条1号），②争議行為禁止規定違反に対する懲役又は罰金の罰則（61条4号）等がある。

　服務規律を維持し，行政目的の完遂と行政秩序の保持を目的として，地方公務員制度のなかには地方公務員法が規定する罰則とは別に分限処分や懲戒処分の制度がある。分限とは，職員の身分保障の限界を意味し，勤務実績不良等その職への不適当等を理由に，本人の意に反して不利益な身分上の変動を行う処分である。種類としては，降給，休職，降任，免職の4種類が規定

されている（27条，28条）。また懲戒とは，職員の一定の義務違反に対し，任命権者が科する制裁であり，地方公務員法に定める種類としては，戒告，減給，停職および免職の4種類となっている（29条）（表7-6参照）。

表7-6　地方公務員法における服務に関する規定の抜粋

（分限及び懲戒の基準）
第27条① すべて職員の分限及び懲戒については，公正でなければならない。
② 職員は，この法律で定める事由による場合でなければ，その意に反して，降任され，若しくは免職されず，この法律又は条例で定める事由による場合でなければ，その意に反して，休職されず，又，条例で定める事由による場合でなければ，その意に反して降給されることがない。
③ 職員は，この法律で定める事由による場合でなければ，懲戒処分を受けることがない。

（降任，免職，休職等）
第28条① 職員が，次の各号の1に該当する場合においては，その意に反して，これを降任し，又は免職することができる。
一　勤務実績が良くない場合
二　心身の故障のため，職務の遂行に支障があり，又はこれに堪えない場合
三　前2号に規定する場合の外，その職に必要な適格性を欠く場合
四　職制若しくは定数の改廃又は予算の減少により廃職又は過員を生じた場合
② 職員が，次の各号の1に該当する場合においては，その意に反してこれを休職することができる。
一　心身の故障のため，長期の休養を要する場合
二　刑事事件に関し起訴された場合

③ 職員の意に反する降任，免職，休職及び降給の手続及び効果は，法律に特別の定がある場合を除く外，条例で定めなければならない。
④ 職員は，第16条各号（第3号を除く。）の1に該当するに至つたときは，条例に特別の定がある場合を除く外，その職を失う。

（定年による退職）
第28条の2① 職員は，定年に達したときは，定年に達した日以後における最初の3月31日までの間において，条例で定める日（以下「定年退職日」という。）に退職する。
② 前項の定年は，国の職員につき定められている定年を基準として条例で定めるものとする。
③ 前項の場合において，地方公共団体における当該職員に関しその職務と責任に特殊性があること又は欠員の補充が困難であることにより国の職員につき定められている定年を基準として定めることが実情に即さないと認められるときは，当該職員の定年については，条例で別の定めをすることができる。この場合においては，国及び他の地方公共団体の職員との間に権衡を失しないように適当な考慮が払われなければならない。
④ 前3項の規定は，臨時的に任用される職員その他の法律により任期を定めて任用される職員及び非常勤職員には適用しない。

（定年による退職の特例）

第28条の3① 任命権者は，定年に達した職員が前条第1項の規定により退職すべきこととなる場合において，その職員の職務の特殊性又はその職員の職務の遂行上の特別の事情からみてその退職により公務の運営に著しい支障が生ずると認められる十分な理由があるときは，同項の規定にかかわらず，条例で定めるところにより，その職員に係る定年退職日の翌日から起算して1年を超えない範囲内で期限を定め，その職員を当該職務に従事させるため引き続いて勤務させることができる。

② 任命権者は，前項の期限又はこの項の規定により延長された期限が到来する場合において，前項の事由が引き続き存すると認められる十分な理由があるときは，条例で定めるところにより，1年を超えない範囲内で期限を延長することができる。ただし，その期限は，その職員に係る定年退職日の翌日から起算して3年を超えることができない。

（懲戒）
第29条① 職員が次の各号の1に該当する場合においては，これに対し懲戒処分として戒告，減給，停職又は免職の処分をすることができる。
一 この法律若しくは第57条に規定する特例を定めた法律又はこれに基く条例，地方公共団体の規則若しくは地方公共団体の機関の定める規程に違反した場合
二 職務上の義務に違反し，又は職務を怠つた場合
三 全体の奉仕者たるにふさわしくない非行のあつた場合
　　　　　　　　　　　　　［以下略］

（服務の宣誓）
第31条 職員は，条例の定めるところにより，服務の宣誓をしなければならない。

（法令等及び上司の職務上の命令に従う義務）
第32条 職員は，その職務を遂行するに当つて，法令，条例，地方公共団体の規則及び地方公共団体の機関の定める規程に従い，且つ，上司の職務上の命令に忠実に従わなければならない。

（信用失墜行為の禁止）
第33条 職員は，その職の信用を傷つけ，又は職員の職全体の不名誉となるような行為をしてはならない。

（秘密を守る義務）
第34条① 職員は，職務上知り得た秘密を漏らしてはならない。その職を退いた後も，また，同様とする。
② 法令による証人，鑑定人等となり，職務上の秘密に属する事項を発表する場合においては，任命権者（退職者については，その退職した職又はこれに相当する職に係る任命権者）の許可を受けなければならない。
③ 前項の許可は，法律に特別の定がある場合を除く外，拒むことができない。

（職務に専念する義務）
第35条 職員は，法律又は条例に特別の定がある場合を除く外，その勤務時間及び職務上の注意力のすべてをその職責遂行のために用い，当該地方公共団体がなすべき責を有する職務にのみ従事しなければならない。

（政治的行為の制限）
第36条① 職員は，政党その他の政治的団体の結成に関与し，若しくはこれらの団体の役員となつてはならず，又はこれらの団体の構成員となるように，若しくはならないように勧誘運動をしてはならない。
② 職員は，特定の政党その他の政治的団体又は特定の内閣若しくは地方公共団体の執行機関を支持し，又はこれに反対する目的

をもつて，あるいは公の選挙又は投票において特定の人又は事件を支持し，又はこれに反対する目的をもつて，次に掲げる政治的行為をしてはならない。ただし，当該職員の属する地方公共団体の区域（当該職員が都道府県の支庁若しくは地方事務所又は地方自治法第252条の19第1項の指定都市の区に勤務する者であるときは，当該支庁若しくは地方事務所又は区の所管区域）外において，第1号から第3号まで及び第5号に掲げる政治的行為をすることができる。

一　公の選挙又は投票において投票するように，又はしないように勧誘運動をすること。
二　署名運動を企画し，又は主宰する等これに積極的に関与すること。
三　寄附金その他の金品の募集に関与すること。
四　文書又は図画を地方公共団体又は特定地方独立行政法人の庁舎（特定地方独立行政法人にあつては，事務所。以下この号において同じ。），施設等に掲示し，又は掲示させ，その他地方公共団体又は特定地方独立行政法人の庁舎，施設，資材又は資金を利用し，又は利用させること。
五　前各号に定めるものを除く外，条例で定める政治的行為

③　何人も前2項に規定する政治的行為を行うよう職員に求め，職員をそそのかし，若しくはあおつてはならず，又は職員が前2項に規定する政治的行為をなし，若しくはなさないことに対する代償若しくは報復として，任用，職務，給与その他職員の地位に関してなんらかの利益若しくは不利益を与え，与えようと企て，若しくは約束してはならない。
④　職員は，前項に規定する違法な行為に応じなかつたことの故をもつて不利益な取扱を受けることはない。
⑤　本条の規定は，職員の政治的中立性を保障することにより，地方公共団体の行政及び特定地方独立行政法人の業務の公正な運営を確保するとともに職員の利益を保護することを目的とするものであるという趣旨において解釈され，及び運用されなければならない。

（争議行為等の禁止）
第37条①　職員は，地方公共団体の機関が代表する使用者としての住民に対して同盟罷業，怠業その他の争議行為をし，又は地方公共団体の機関の活動能率を低下させる怠業的行為をしてはならない。又，何人も，このような違法な行為を企て，又はその遂行を共謀し，そそのかし，若しくはあおつてはならない。
②　職員で前項の規定に違反する行為をしたものは，その行為の開始とともに，地方公共団体に対し，法令又は条例，地方公共団体の規則若しくは地方公共団体の機関の定める規程に基いて保有する任命上又は雇用上の権利をもつて対抗することができなくなるものとする。

（営利企業等の従事制限）
第38条①　職員は，任命権者の許可を受けなければ，営利を目的とする私企業を営むことを目的とする会社その他の団体の役員その他人事委員会規則（人事委員会を置かない地方公共団体においては，地方公共団体の規則）で定める地位を兼ね，若しくは自ら営利を目的とする私企業を営み，又は報酬を得ていかなる事業若しくは事務にも従事してはならない。
②　人事委員会は，人事委員会規則により前項の場合における任命権者の許可の基準を

定めることができる。 （罰則） **第60条** <u>次</u>の各号の一に該当する者は，1年以下の懲役又は3万円以下の罰金に処する。 　一　第13条の規定に違反して差別をした者 **第61条** <u>次</u>の各号の一に該当する者は，3年	以下の懲役又は10万円以下の罰金に処する。 　　　　　　　　　　　　　　［一号～三号略］ 　四　何人たるを問わず，第37条第1項前段に規定する違法な行為の遂行を共謀し，そそのかし，若しくはあおり，又はこれらの行為を企てた者

注）法文中の下線部分は，条文横組みにより，筆者が書き換えを行う。（法文では「左」となっている。）

参考文献

三浦文夫・宇山勝儀（2003）『社会福祉通論30講』光生館。

岡村重夫（1983）『社会福祉原論』全国社会福祉協議会。

第 8 章

社会福祉主事の業務と社会福祉援助技術の展開

1　社会福祉援助技術の基本要素

1）社会福祉援助の基本的視点

　人間は個人の生活上の要求（ニーズ）を充足するために，様々な環境（人間的環境・社会的環境）と関係を取り結んで生活を成り立たせている。

　しかし環境が，人間の要求を満たすような状態でなければ，人間はより良い環境を求め，別の場所に移ったり，環境そのものを作り替え，あるいは新しい環境を創造する等して，その不適切な環境から遠ざかろうとする。このように人間が環境と共存する能力を「対処能力」という。対処能力とは，人間が考え，試行し，努力し，意見を述べて周囲の変革をねらい，また人に相談し，意見を聞き，努力過程の方向性と方法を編み出していくという能力である。人間はその対処能力が弱かったり，環境からの要求が過大である時，自らの努力や家族等周囲の人々のインフォーマルな援助ネットワークによって問題を解決していこうとする。

　しかし，それでも解決できない生活問題が生じた場合，社会的な専門援助サービスを利用するのである。人間に専門援助サービスを提供する分野は，法律，医療，保健，看護，介護等数多い。社会福祉援助もその一つである。

　人間を援助する多くの専門職業のなかで，社会福祉援助の特徴は，その固有の視点にあるといえよう。すなわち，人間は，いくつもの環境と関わりを持ちながら生活をしている。その関わり方は，例えば挨拶をする程度の近隣との人間関係もあれば，一家の生計を支える職場との関わり等という，その関係性の幅と深さは様々である。しかし，その人の生活はそれら全ての関わりがあって成り立っているのである。したがって，ある一つの環境との関わりは，その人の他の環境との関わりを左右することもある。社会福祉援助に

は，このように生活を全体性として捉える視点がある。

さらに，その関わりに問題が生じた場合，個人や環境のどちらか一方に問題があるとしてその改善や治療を行うのではなく，個人と環境の間で取り交わされる関係に焦点をあて，両者の関係に問題が生じていると捉えるのである。すなわち，社会福祉援助の固有の視点は，「個人と環境との相互作用上の状況」に焦点を当てることにある。

社会福祉援助実践は，援助サービス利用者と援助者が専門的援助関係を結び，専門知識・技術を用いて利用者の生活問題を解決するための意図的な援助活動として行われる。この援助活動の目的は，利用者の自己実現に向けられるものである。

2）利用者と援助者の専門的援助関係

社会福祉援助実践は，利用者と援助者の間で形成・維持される専門的援助関係を基盤として展開される。この関係は，利用者の自己実現への支援と，生活問題解決のために，社会福祉援助技術の原理・原則に基づいて形成される。日常における家族，友人等とのインフォーマルな関係とは異なり，援助者自身が，まず一人の人間として主体性を発達させていなければならない。なぜなら，援助者が利用者とその関係のなかで自己の個人的感情を充足（**逆感情転移**）すると，専門的援助関係が維持できなくなるからである。そのためには，援助者自身が深い自己理解（自己覚知）を行っていることが必要になる。援助者の自己覚知とは，援助者自身が持つ感情や態度，価値基準について理解を深め，援助を行う際に個人的価値観や私情を取り除き，利用者の問題に巻き込まれて感情的な反応を示さないようにすることである。

感情転移（逆感情転移） F. フロイトが初めて用いた概念であり，精神分析療法の過程で治療者と患者の間に生じる情緒的反応であり，未解決の無意識の体験に由来するとされている。
　クライエントがワーカーに向ける特殊な感情や態度を転移といい，ワーカーがクライエントに向ける個人的な感情や態度を逆転移という。転移，逆転移にはそれぞれ正の転移（好感を持つ等）と，負の転移（嫌悪感を持つ等）がある。

また，専門的援助関係では，利用者の緊張感や自己防衛を和らげ，安心して援助者と向き合える信頼関係（ラポール）を形成していかなければならない。それは，問題解決に利用者を参加させ，傾聴，共感，受容していくことで形成・維持される。

3）社会福祉援助技術の機能と役割

　近年，生活問題の多様化に伴い，利用者の要求も多様化・複雑化してきており，これを背景として社会福祉援助の機能も拡大してきている。現在，重要な社会福祉援助の機能として，①仲介機能，②調停機能，③代弁機能，④連携機能，⑤処遇機能，⑥治療機能，⑦教育機能，⑧保護機能，⑨組織機能，⑩ケアマネジャー機能，⑪社会変革機能（表8-1参照）をあげることができる。援助者は，援助の目的と機能に即して，今この利用者に必要な援助技術は何であるか，また社会福祉援助はなぜ必要なのかを見極め，意図的な働きかけをしなければならない役割を担っている。

　援助者の機能と役割は，社会福祉援助が行われる場面や，問題の性質，内容によって，単独あるいは複数の組み合わせで遂行される。さらに，その遂行のあり方が，社会福祉の専門知識・技術・倫理と固有の視点をもって意識的に展開されるときに，社会福祉援助独自の固有の機能を発揮することが可能となる。

　近年では，**エンパワメント**や**アドボカシー**等にみられるような利用者に対する権利擁護機能の強化や，ソーシャルサポート・ネットワークやマネジメント等にみられる利用者と生活環境との調和を図るための調整・管理機能の強化が強調されるようになってきている。

エンパワメント　第1章8頁参照。
アドボカシー（advocacy）　社会福祉援助実践の価値や理念に照らし，何らかの問題を抱えている福祉サービス利用者の状況を改善するために，その人たちをエンパワーし，その人たちに問題をもたらしているものの意志決定過程に働きかけていく活動。

第8章　社会福祉主事の業務と社会福祉援助技術の展開

表 8-1　社会福祉援助技術の機能と役割

機　能	役　割
仲介機能 (human services broker)	クライエントと社会資源との仲介者（ブローカー）としての役割
調停機能 (mediator)	クライエントや家族と地域社会の間で意見の食い違いや争いがみられるとき，その調停者としての役割
代弁機能 (advocator)	権利擁護やニーズを自ら表明できないクライエントの代弁者（アドボケーター）としての役割
連携機能 (linkage)	各種の公的な社会的サービスや多くのインフォーマルな社会資源の間を結びつける連携者（リンケージ）としての役割
処遇機能 (residential work)	施設内の利用者に対する生活全体の直接的な援助，指導，支援者としての役割
治療機能 (counselor / clinician)	カウンセラーやセラピストとしての役割
教育機能 (educator)	教育者としての役割
保護機能 (protector)	子ども等の保護者（プロテクター）としての役割
組織機能 (organizer)	フォーマル，インフォーマルな活動や団体を組織する者（オーガナイザー）としての役割
ケアマネジャー機能 (care manager)	個人や家族へのサービスの継続性，適切なサービスの提供などのケアマネジャーとしての役割
社会変革機能 (social change agent)	地域の偏見・差別等の意識，硬直化した制度などの変革を行う社会改良・環境の改善を働きかける役割

資料：日本社会福祉実践理論学会ソーシャルワーク研究会（1997）『ソーシャルワークのあり方に関する研究調査報告書』。

2　社会福祉援助技術の体系と方法

1）社会福祉援助技術の歴史

　社会福祉援助技術の萌芽は，1869年にイギリスで始まった慈善組織協会

(以下，COS：Charity Organization Society)の活動にあるといわれている。当時のイギリスはビクトリア朝繁栄の時代であり，この繁栄で富を得た者が生活問題を抱える者への慈善活動を行っていた。しかしこれらの活動は応急的活動であり，系統だった活動ではなかった。また貧困は個人の問題であると捉えられており，それらの背景や社会的要因を探り，解決するといった視点はなかった。慈善事業を組織化し，慈善の調整を目的として設立されたCOSは，ボランティアである友愛訪問を組織化し，要援護者の調査と登録を行い，貧困の原因は怠惰や人格的欠陥によるとの認識のもと，助言を行っていた。

　その後COSの活動はアメリカに伝えられ，1877年ニューヨークで初めて組織化されている。ここでは，貧困の原因も失業や低賃金という社会的要因によることが多大であると理解されるようになった。このような視点や援助実践はM.リッチモンドの登場により体系化されることになる。リッチモンドは，友愛訪問員としての自らの経験を理論化することを試み，さらに医学，心理学，法学，社会学，歴史学等の諸科学を取り入れて，社会福祉援助技術の体系化に努め，まず，1915年に「ケースワークとは，様々な人のために，また，様々な人と共に，彼ら自身の福祉と社会の改善とを同時に達成するよう，彼らと協力して，様々なことを行う技術である」[注1]と定義した。この定義をもとに1917年に『社会診断（Social Diagnosis）』を著し，社会福祉援助技術を初めて社会学的に体系化したのである。

　さらに1922年，『ソーシャル・ケースワークとは何か（What Is Social Case Work?）』において，「ソーシャル・ケースワークは人間と社会環境との間を個別に，意識的に調整することを通じて，パーソナリティを発達させる諸過程から成り立っている」[注2]と述べた。

注1)　　仲村優一（1970）『ケースワーク　第二版』誠信書房，6頁。
注2)　　リッチモンド，M./小松源助訳（1991）『ソーシャル・ケースワークとは何か』中央法規出版，57頁。

このリッチモンドの定義は，医学上にいう診断・治療過程をモデルに，とりわけ個人を重視する社会的環境条件の問題探求や，原因を追及する社会診断に主眼を置き，個人の成長と社会の改善を同時に達成しようとする社会治療を意図する考えであった。

リッチモンド以降，社会福祉援助技術の研究の焦点は，第一次大戦や世界大恐慌の影響もあり，個人の心理的な問題に集中していくことになり，1920年代から30年代のアメリカにおけるS.フロイトを中心とする精神分析学の発達は，社会福祉援助技術にも強い影響を与え，診断主義ケースワークが主流になっていった。診断主義とは，援助者側から問題を抱える人への心理・社会的アプローチによる調査・診断・処遇を重視し，援助を展開する考え方である。

1930年代には診断主義に対する批判として，O.ランクの流れを汲む機能主義ケースワークが登場し，診断主義と機能主義のケースワーク論争が展開される。機能主義とは，援助者中心に展開される調査・診断・処遇の過程を否定し，問題を抱える人の自由意志を尊重する考え方である。

1950年代に入り，両者の研究成果を取り入れた折衷主義が台頭し，中でもH.パールマンは問題解決アプローチの立場から「ケースワークは，クライエントの持つ問題を知的，論理的，合理的な過程によって解決に導く問題解決過程，また自我の対処能力の訓練過程である」[注3]とした。

1960年代になると，貧困問題やその他の社会問題が多様化し，従来の社会福祉援助技術では対応が困難になってきた。それまでのケースワーク，グループワーク，コミュニティワーク等の技法を統合化する必要性が指摘され，ジェネリックソーシャルワークといった捉え方が生まれている。また診断主義を中心とする医学モデルに対して，システム理論や生態学理論の導入を図

注3） パールマン，H.／松本武子訳（1958）『ソーシャル・ケースワーク 問題解決の過程』全国社会福祉協議会，4頁。

った生活モデルが台頭した。社会福祉援助技術に生態学的視座を取り入れ，生活モデルを体系づけた一人であるC. ジャーメインは，生活モデルを「問題を病理状態の反映としてではなく，他者，事物，場所，組織，思考，情報，および価値を含む生態系（エコシステム）の要素間の相互作用の結果」[注4]であると定義した。

今日のわが国においては，この生活モデルをふまえた考え方が主流である。

2）社会福祉援助技術の体系と種類

社会福祉援助技術とは，利用者の生活問題を解決し，可能な限り自己実現が達成できるよう援助するのに際して，援助者が用いる専門的に体系化された援助技術のことである。

今日のわが国における援助技術は，「社会福祉士及び介護福祉士法」施行以来，利用者と直接かかわって援助を提供する直接的援助技術と，利用者援助への方策や条件整備・改善・促進を通じ，間接的にかかわる間接的援助技術に大別することが通例になっている。

直接援助技術には，個別援助技術と集団援助技術がある。これらは従来アメリカで用いられてきたケースワーク，グループワークの概念に相当するものであるとされている。

間接援助技術には，地域援助技術（コミュニティワーク，あるいはコミュニティ・オーガニゼーションとして概念化されてきたものに相当する），社会福祉調査法（ソーシャルワーク・リサーチ），社会福祉運営管理（ソーシャル・ウェルフェア・アドミニストレーション），社会活動法（ソーシャルアクション），社会福祉計画法（ソーシャル・ウェルフェア・プランニング）が含まれる。

さらに，人間の生活を総合的な視点から援助するために，隣接領域の関連

注4）　Carel B. Germain (1973), An ecological perspective in casework practice, *Social Casework*, Vol. 154, p. 327.

第8章 社会福祉主事の業務と社会福祉援助技術の展開

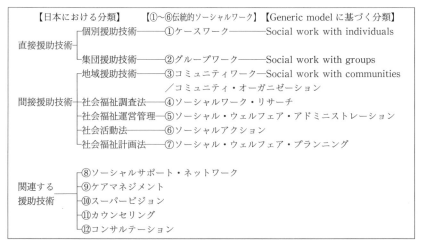

図8-1 社会福祉援助技術の体系

出所：藏野ともみ（1999）「ソーシャルワークの体系」大島侑・佐々木政人編著『社会福祉援助技術論』ミネルヴァ書房，37頁。一部筆者修正。

する援助技術についても理解をしておかなければならない。それらを関連援助技術と呼び，ソーシャルサポート・ネットワーク，ケアマネジメント，スーパービジョン，カウンセリング，コンサルテーション等が含まれる（図8-1参照）。

　これらの社会福祉援助技術の体系を歴史的に概観すると，それぞれの援助技術は独自の理論や技術を発展させてきたが，利用者を個人や集団，あるいは地域社会に分化して対応しようとする援助技術では利用者の真の要求に対応できないとの指摘から，援助技術の統合化が図られている。すなわち，共通の価値・知識・技術を確認し，個別援助技術や集団援助技術といった枠組みをはずし，生活問題を抱えた人の状況をトータルに捉え，より強固な援助技術として体系づけたジェネリック・ソーシャルワークの考え方である。

　現在のわが国の社会福祉援助技術は，生活問題を捉える専門的視点や価値観はジェネリック・ソーシャルワークの理論を取り入れ，実際の援助技術は従来の手法を取り入れている状況である。

3）社会福祉援助技術の内容

(1) 直接援助技術

① **個別援助技術**　個人あるいは家族が，身体的・精神的・社会的・経済的要因等により，何らかの生活問題を抱えている時に，個人あるいは家族だけではその問題を解決できない場合に，援助者が直接的な対人関係を媒介にして，個人の自ら問題を解決する力（社会的機能）を獲得するように援助を行う技術である。この意味で，援助技術の根源には，利用者への「自立のための援助」という基本的考えがある。

② **集団援助技術**　個人の対処能力の改善・回復・強化のために，あるいは要求の充足や問題を効果的に解決するために，目的意図的なグループ経験を活用する援助技術である。

　プログラム活動中にグループの発展過程で起こる「グループ治療教育的な力」を理解しながら，利用者個人の目的達成への援助を行ったり，グループメンバー内の「相互援助体制」を作るように援助を行う。

(2) 間接援助技術

③ **地域援助技術**　地域社会を単位として，その地域生活上の諸問題を住民自身が主体的・組織的に取り組み，住民の要求と諸資源の調整を援助する技術である。また，住民の自己決定や行政参加を促し，社会福祉施策の策定や拡充を図るための地域の組織化を支援する過程でもある。すなわち，アメリカで発達したコミュニティ・オーガニゼーションという地域組織化の概念と，1960年代以降イギリスで普及したコミュニティ・ディベロップメントという地域社会開発の概念を包括した方法が発展してきている。

　地域援助技術は，①問題把握，②計画策定，③計画実施，④評価という過程をたどり，その際，調査，集団討議，情報収集と情報の公開，計画立案，連絡調整，社会資源の動員と配分等の方法を用いる。

④ **社会福祉調査法**　地域社会の住民や福祉施設の入所者，あるいは福祉団体のメンバー等を対象にして，社会福祉に対する要求や問題の把握，社会福祉施策や援助サービスの効果を統計的に，あるいは事例として把握する技術である。さらには，社会福祉援助に必要な知識の蓄積や理論構築に関する質的，量的な実証研究をも含んだ概念として用いられている。

　すなわち，個人，家族，小集団，地域社会等の抱える問題や要求を発見し，その問題解決や実践活動の改善のためにデータを提供する技術であるといえよう。利用者や地域社会への社会福祉援助実践そのものではないが，調査の結果を用いて利用者や地域社会に還元することが期待されている。

　その方法は社会調査法と同様であるが，社会福祉調査法の目的は福祉サービスの改善や社会福祉援助実践に強く結びつき，最終的には社会福祉サービス利用者への貢献に置かれている。

⑤ **社会福祉運営管理**　社会福祉サービスを提供する各種の福祉施設・団体・機関の組織運営・管理方法のみを指すのではなく，国や地方自治体における福祉・医療・所得・教育・住宅などの社会保障の政策に関連する制度の運営管理も含むものとして捉えられている。

　わが国では，介護保険の導入以降，地方自治体での高齢者福祉サービス供給主体が多様化している。今後は障害者自立支援法制定を鑑み，障害者への地域福祉サービス供給体制の動向も視野に入れた地域組織化や計画策定が行われる状況にある。このような状況では，サービス利用者の利益を擁護し，サービス全体にかかる社会的コストの合理的な支出が課題となってくるといえよう。それに対応するためには，社会福祉計画の策定や実施と関連づけた社会福祉運営管理の検討が望まれる。

⑥ **社会活動法**　地域住民の要求に応えて，社会福祉関係者の組織化を図り，既存の制度やその運営を改善していこうとする活動である。すなわち，広く社会福祉を含む生活関連の社会制度・サービスの創設，改善，維持，廃止等を目指して，国や地方自治体に立法的・行政的・司法的措置を求めて，

広く住民やその他に働きかける組織的な政策行動のことである。

　社会活動の展開過程は，始動集団あるいは運動体を形成し，学習会や調査，視察などによって問題を把握，要求の明確化を図ることに始まる。次に集団討議を通じて，課題の限定と行動計画を立てる。その上で，広報活動等により世論に訴え，運動の支持層の拡大と支援を得ながら，住民集会，デモ，署名，団体交渉，裁判闘争などの直接行動を展開する。最後に，運動の結果，影響，問題点を総括し，新たな課題を提起していく。生活保護基準の改善を求めた朝日訴訟は，社会活動法の一例である。

　近年ではコンピューター等の情報伝達の手段の拡大により，社会活動法の具体的技法も変化してきている。

　社会福祉援助技術して捉えると，①専門職団体としてかかわる，②当事者の代弁機能を果たすためにかかわる，③セルフヘルプ・グループを支援する形でかかわる等のように，社会福祉援助者としての関与があるものを指すべきであろう。

　⑦　**社会福祉計画法**　　社会福祉に関する領域での社会構造を計画的に望ましい方向に変革していく活動である。

　1990年代のわが国の福祉施策において，サービスの計画的推進が進められた。福祉関係八法改正に伴う，老人保健福祉計画に始まり，障害者基本計画（障害者プラン），児童育成計画（エンゼルプラン），介護保険事業計画が地方自治体で次々と策定された。その流れは2000（平成12）年の社会福祉事業法改正によりさらに強められ，地方分権と地域福祉文化の形成に向けた市町村地域福祉計画，都道府県地域福祉支援計画の策定が法定化されている。

　社会福祉計画は国・地方自治体等が策定する主体となるが，今後は行政主導ではなく，社会福祉サービス利用者や地域住民の参加，社会福祉専門職の参加が望まれる。

(3) **関連援助技術**

⑧ **ソーシャルサポート・ネットワーク**　1980年代後半，わが国では地域福祉や在宅福祉への転換のなかで，個人や家族をどのように支えるか，医療や保健等との連携をどのように行えば良いかという課題が，社会福祉援助実践において重要視されるようになってきたことから，ソーシャルサポート・ネットワークが導入されるようになった。

問題解決に当たり，社会福祉の専門職や機関のみでは不十分な場合，その他の行政機関や医療，保健等のフォーマルな社会資源や，近隣，友人，セルフヘルプ・グループ等のインフォーマルな社会資源と連携を取りサポートする体制を形成することである。

方法としては，個人ネットワーク法，ボランティア連結法，相互援助ネットワーク法，地域区域援助者ネットワーク法，地域強化法などがある。

今後の地域福祉の充実，自立支援やこれを支える社会資源の活用において，重要な社会福祉援助技術になってくるものであると考えられる。

⑨ **ケアマネジメント**　個人やその家族の複数の要求を充足するために，適切な社会資源と結びつける技術である。この考え方は，1970年代後半のアメリカでケースマネジメントへの関心が高まり，イギリスに渡った際ケアマネジメントという用語に代わったと言われている。1980年代半ばに入り，わが国でも高齢者の在宅介護が課題になり，ケアマネジメントという用語が使われるようになった。

ケアマネジメントの展開では，情報の収集と把握，情報の整理，社会資源の開発，地域ソーシャルサポート・ネットワークの構築と維持が不可欠である。

⑩ **スーパービジョン**　スーパーバイザーによってスーパーバイジーに対して行われる専門職養成のための教育，訓練の指導過程である。わが国では「監督指導」「査察指導」と訳されていたこともあったが，それらはスーパービジョンの一部の機能に過ぎないことから，現在では原語のまま使用す

ることが通例になっている。

　スーパービジョンの主たる目的は，間接的には利用者へのサービスの質の向上と，直接的にはスーパーバイジーの能力を最大限に生かしてより良い実践ができるようにすることである。スーパービジョンでは，同職種の経験，知識の豊かな熟練した援助者がスーパーバイザーとなる。スーパーバイジーには新人・比較的経験の浅い者が多い。

　スーパービジョンの機能は，①支持的機能，②教育的機能，③評価的機能，④管理的機能に大別されるが，これらの機能が別々に存在するのではなく，密接に関連し重複していることが多い。また方法は，①個人スーパービジョン，②グループスーパービジョン，③ライブスーパービジョン，④ピアスーパービジョン等がある。

　⑪　**カウンセリング**　　自分の直面している問題を解決することが困難な人に対して，専門的訓練を受けたカウンセラーが，主に面接場面において言語的および非言語的コミュニケーションによる相互的な心理作用を通して行われる。これらによって利用者の抱える問題を解決し，人格や行動の変容を試みるものである。利用者は専門的援助関係を通じて，受容や心理的支持を経験し，その関係のなかで，自分の感情や考えを表現することによって，問題の明確化を図り，自己決定による問題解決を行う。

　⑫　**コンサルテーション**　　社会福祉援助技術に有効な専門的知識や技術を習得するために，援助者の所属する機関以外からコンサルタントと呼ばれる専門家を招いて，助言や援助行為が行われる問題解決過程である。しかし，類似する機能を持つスーパービジョンのように管理的機能は持たず，またコンサルタントは利用者と直接的関わりを持つ場合と持たない場合がある。さらに，コンサルタントの助言や援助行為については，それらをどの程度，どのように取り入れるかは，援助者の裁量に任されている。すなわち，コンサルタントと社会福祉援助者の関係には上下関係はなく，権威にも左右されない専門職同士としての対等な関係に基づいている。

3 社会福祉援助技術の展開過程

1）社会福祉援助過程の基本的枠組み

社会福祉援助実践は，利用者と援助者の専門的援助関係を根幹としながら，利用者との契約のもとに一定の手順と方法によって行われる。その手順と方法を社会福祉援助過程という。

社会福祉援助実践は，援助を求める利用者と援助者が接触を開始した時点から，何らかの形で関わりが終了するまでの時間的経過のなかで進められる。社会福祉援助過程は，時間の長さにかかわらず「様々な問題や困難の解決という目標に向けた一定の専門的な手続きとして，援助実践をどのように展開するかというプロセス＝過程である[注5]」といえよう。

社会福祉援助過程として，①インテーク（受理面接），②アセスメント（事前・初期評価），③エンゲージメント（契約），④プランニング，⑤インターベンション（介入・援助）・モニタリング，⑥エバリュエーション（事後評価）・終結があげられる。実際の援助過程では，はじめから最善の問題解決方法を選択することは難しく，効果を絶えず評価し，修正や更新を行いながら進められるので，フィードバックを重視している。これは単に直線上に後戻りをしているのではなく，らせん状に進展していると考えられる。

2）社会福祉援助技術の展開過程

(1) インテーク・アセスメント

社会福祉援助過程は，問題を抱えた人が相談機関に自発的あるいは非自発

注5） 川島恵美（2002）「プロセス」黒木保博也編著『ソーシャルワーク』中央法規出版，76頁。

的に援助を求めてくるところから始まる。求めるサービスは何か，果たして相談を受けた機関が求められるサービスを提供できるか等を明らかにするために，インテーク（受理面接）を行い，問題を把握する。その上で，その問題の状況を確認，理解するために情報収集を行い，その情報を分析することによって，問題を明確化し，問題解決に向けて取り扱うべき要因を明らかにするというアセスメント（事前・初期評価）を行う。

(2) エンゲージメント・プランニング

アセスメントを受けて，利用者と援助者の間で社会福祉援助実践を展開していく合意，すなわち契約（エンゲージメント）を行う。その内容は，最終目標およびそのために達成するべき課題を設定し，具体的な援助計画の策定を行うことである。その際に留意するべきことは，利用者と環境側の条件と，援助者側の条件を明らかにし，実践可能なこととその限界を示すことである。また，他の援助機関と協力して実践していく場合は，目標や課題等を共通に認識して取り組むことが重要である。

(3) インターベンション・モニタリング

次に，明確に規定された目標達成に向けて計画を実施する。援助者は状況を継続的に評価（モニタリング）し，必要に応じて社会福祉援助実践の見直し等を行う。援助者の判断を利用者と共に検討し，状況に応じて修正するべき段階へ戻り（フィードバック），最善の方法を考えて取り組みを行う。これらの活動は必要であれば何度でも行われる。

(4) エバリュエーション・終結

目標や課題が達成できたと判断（評価）でき，援助関係を継続していく必要性がなくなったとき社会福祉援助過程は終結する。しかし，社会福祉援助過程の終結が必ずしもサービスの終結ではない。社会福祉援助技術の目的は

第8章　社会福祉主事の業務と社会福祉援助技術の展開

自己実現であり，そのために利用者自身の対処能力を高めるというエンパワメントが行われることである。利用者自身が援助者と共に取り組まなくても，主体的にサービスを利用することができれば，社会福祉援助過程を終結することもある。また，援助を終結した後も，援助効果が持続しているか否かの

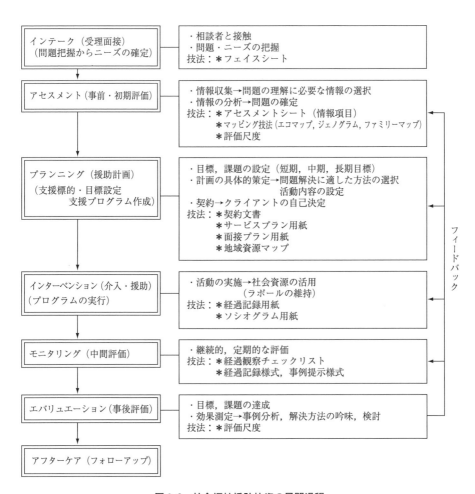

図 8-2　社会福祉援助技術の展開過程

出所：図10-1と同じ，47頁。加筆修正。

アフターケアも重要である（図8-2参照）。

4 対人援助実践とバイスティックの7原則

1）社会福祉援助技術の基本的原理

　専門的対人援助として社会福祉援助技術を展開するには、基礎となる本源的・本質的な原理と、そこから導き出される共通の原則がなければならない。

　社会福祉援助技術には、人間の持っている個人的属性に価値を置くのではなく、人間であることの本質に価値を置く「人間の尊重・人間としての尊厳の重視」という基本原理が根源的価値として存在している。この基本的原理を具体化し、援助者が実際に援助するための価値原理には、「個別化の原理」、「主体性尊重の原理」、「変化の可能性の原理」がある。さらに、価値原理を具体的に展開する原理として、「援助者の基本的態度原理」と、高度な援助技術を取り入れた「専門的援助関係の過程重視の原理」がある。これらの原理は、いずれも「人間性の回復・形成」を意図している。諸原理に則り、社会福祉援助技術を展開することによって、利用者の「自己実現」を促進し、「**生活の質**」を向上させることが可能になる（図8-3参照）。

2）社会福祉援助技術の原則

　対人援助実践における基本原則は、F. バイスティックが著書『ケースワークの原則（The Casework Relationship)』（1957年）で提唱した7原則をもとに、現在でも、専門的援助関係のなかで援助者が取るべき態度について検討され続けている。バイスティックは、利用者が安心感を持って援助過程に参

生活の質（QOL：quality of life）　第1章7頁参照。

第 8 章 社会福祉主事の業務と社会福祉援助技術の展開

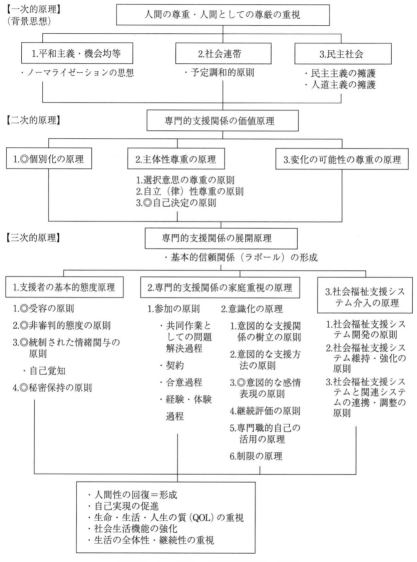

図 8-3　ケースワークの支援原理・原則

出所：佐藤豊道（2004）「ケースワークの理論と技術」岡本民夫監『社会福祉援助技術論【下】』川島書店，13頁。

表 8-2　バイスティックの 7 原則

① 【個別化の原則：利用者を個人として捉える】
　利用者は，一人ひとり価値観も，考え方も異なり，同じような生活問題を抱えていたとしても，それぞれ必要とする援助や方法は異なることを認識していなければならない。援助者は先入観や偏見を持たず，個性・個別性を大切にする。

② 【意図的な感情表出の原則：利用者の感情表現を大切にする】
　利用者が自由に感情表現をできるように耳を傾け，必要に応じて感情表出を刺激したり，励ます等の意図的な関わりを持つことである。

③ 【統制された情緒的関与の原則：援助者は自分の感情を自覚して吟味する】
　援助者は常に援助という目的を意識し，自分の感情を冷静に抑制し，コントロールしておく必要がある。そうすることによって，感受性を働かせて利用者の感情を観察，傾聴し，その感情と問題との関連性の中で利用者の状況を理解し，利用者の感情表現に適切に対応することができる。

④ 【受容の原則：ありのままの利用者を理解し，受け止める】
　利用者の人間としての尊厳と価値を尊重しながら，過去，態度，行動，感情，思想などを批判することなく，そのまま受け入れるということである。利用者の抱える問題を結果として表面的な現象を問題とするのではなく，そこに至る間での事情を受け止める。そうすることによって，問題の本質を明確にでき，利用者は受け入れられたことによる安心感から，自分のありのままの姿を見つめることができるようになる。

⑤ 【非審判的態度の原則：援助者の価値観で利用者を非難しない】
　援助者は，どのような観点からであっても，自分の価値観や道徳観で利用者を非難したり，裁くのではなく，利用者を理解するという態度を持つことである。しかし，犯罪行為や危険な状態を見過ごすのではなく，状況に応じて関係機関と連携を取ることが必要になる場合もある。そのような状況においても，援助者は審判者となるのではなく，利用者の気持ちに寄り添うことが求められる。

⑥ 【自己決定の原則：利用者の自己決定を尊重する】
　利用者は自らの人生における事柄を，自ら選択し，決定する自由と権利を持っていることを尊重することである。利用者が自己決定をするということは，自ら選択した生活に責任を持つことでもある。すなわち利用者の自立を促す重要な機会でもある。したがって，援助者は，利用者が生活問題や要求を明確にできるように援助する必要がある。

⑦ 【秘密保持の原則：秘密を保持し，信頼関係を創造する】
　利用者が援助関係の中で打ち明ける情報や，援助過程の中で知り得た内容を，援助者は他に漏らさず，保持しなければならない。これは利用者の基本的権利であるばかりでなく，援助者の倫理的義務でもある。利用者が安心して自らの秘密を表現できる環境を提供することは，利用者と援助者の間の信頼関係が深まることにもつながる。

参考：バイスティック，F. P. ／尾崎新他訳（1996）『ケースワークの原則　新訳版』誠信書房。

加していけるような雰囲気や環境を援助のなかに作っていくことを目的として，原則が必要だとしている。

　ここでは，バイスティックの原則を紹介しておきたい（表8-2参照）。

　これらの原則は，直接利用者と対面する場面に限らず，社会福祉援助技術全般に適応されるべきものとして捉えられている。

5　ケアマネジメントの意義と実践

1）ケアマネジメントの発展過程と意義

　日常生活において何らかの生活課題を抱える利用者は，複数の社会福祉にかかわる要求を抱えていることが多い。このような複合的な要求を抱えた利用者に対して，その要求を包括的に把握し，効果的・効率的に公的な社会サービスや地域の社会資源を利用者の要求の実現のために利用者と結びつけていく必要がある。このような援助実践は，1970年代のアメリカにおいて，脱施設化に伴う主として精神障害者の在宅医療や在宅福祉を推進するために，統合的サービス供給システムを探求する行政プロジェクトとして発展してきた。社会福祉援助者のこうした活動はケースマネージメントと呼ばれてきたが，1970年代のイギリスにおいてコミュニティ・ケアが進展するなかで，ケアマネジメントと呼称されるようになった。

　わが国では，高齢者介護領域でサービス提供者側の連携を意味する用語として，国の主導によりケアコーディネーションという言葉が用いられていた。1990年代，急速に高齢化社会が進む状況において，高齢者の社会的介護の必要性が指摘され，施設内ケア以外に，在宅ケアの充実化が注目されるようになった。しかし，在宅ケアをより効果的なものにするためには，家族をはじめとする主介護者を支援する地域ケア体制の整備が急務であった。この地域

ケアを整え推進していくためには，利用者の複合的なケアに対する要求を包括的に捉え，地域における複数の機関と複数の専門職を効果的にマネジメントし，チームケアを展開する必要があったのである。このような社会的背景のなか，高齢者介護・自立支援システム研究会（当時：厚生省）が1994（平成6）年，「新たな高齢者介護システムの構築を目指して」という報告書を示し，その報告書において初めて「ケアマネジメント」という用語が使われたのである。

　次第にケアマネジメントという用語は取り入れられるようになり，特に2000（平成12）年に施行された公的介護保険制度において，介護支援専門員（ケアマネジャー）が制度化され，介護支援専門員の主たる業務としてケアマネジメントが一般的に認識されるようになってきたのである。

　ケアマネジメントは，「複雑で重複した問題や障害を持つクライエントが適時に適切な方法で必要とするサービスを利用できるよう保証することを試みるサービス提供の一方法である」[注6]と定義され，定着してきている。

　ケアマネジメントの意義[注7]は，まず第1に利用者の自立生活支援の方法として，次の5つの原則を明確にしたことにある。すなわち，①サービスの個別化，②サービスの総合性，③サービスの効率性，④自律性の促進，⑤ケアの連続性である。

　第2の意義は，ケアマネジメント実践の目的を，①多様な問題や要求を持つ人々が地域でできるだけ長く自立生活を維持できるよう支援すること，②費用対効果を考慮したサービス調整をはかることの2点として明確に示し，援助者や管理者がこの2点から実践活動の点検・評価することを可能にしたことである。

注6）　ルビン，A．／白澤政和他監訳（1997）『ケースマネジメントと社会福祉』ミネルヴァ書房，17頁。

注7）　副田あけみ（2004）「ケアマネジメントの理論と技術」久保紘章他編著『社会福祉援助技術論　（下）』川島書店，234～235頁。

第3の意義は，多面的で多様な生活問題に諸サービスを調整し総合的に提供するために，他職種によるチームアプローチやネットワークの必要性と重要性を明らかにしたことである。

2）ケアマネジメントの構造

　ケアマネジメントは，①利用者，②社会資源，③チームケア，④ケアマネジャー，⑤ケアマネジメントの援助過程の5つの構成要素から成り立っていると考えられる。

　① 利用者　　複数の生活要求を抱え，かつ複数のサービスを利用しなければ安定した日常生活を営むことができず，さらに独力ではその要求を満たす社会資源を入手することが困難な人たちである。これらの複数のサービス提供機関の目的や方法は異なるため，利用者の意志や要求に沿って効果的に提供されなければならない。

　② 社会資源　　利用者が抱える複合的な要求を具体的に充足する際に必要となるのが社会資源である。社会資源には，既に制度化されているサービス（フォーマル・サービス）と，家族，親族，友人，ボランティア等の支援（インフォーマル・サービス）がある。

　③ チームケア　　複合的な要求に応えるために複数のサービスを重層的に展開する必要がある。個々のサービスが他と断絶した状態では，利用者に効果的なケアが提供されず，場合によっては利用者を混乱させる危険性がある。ケアマネジメントで活用される複数のサービスは，それぞれの提供機関の目的や支援方法が異なるものであり，援助者は効果的にマネジメントして利用者の要求に結びつけていかなければならない。

　ケアマネジメントが効果的であるために，利用者に対する共通認識を持ち，援助の目的の合意を得て，役割分担を行う必要がある。

　④ ケアマネジャー　　利用者の要求を把握し，必要な社会資源を動員できるように各機関と調整を図る中心的役割を行う。ケアマネジャーは主とし

て利用者の権利擁護と代弁機能を果たし，信頼関係を構築しなければならない。

⑤ **ケアマネジメントの展開過程**　ケアマネジャーがどのような過程でケアマネジメントを展開するかというものである。

3）ケアマネジメントの援助過程

ケアマネジメントの援助過程は，①インテーク，②アセスメント，③プランニング，④インターベンション，⑤モニタリング，⑥エバリュエーションという局面をたどる。

① **インテーク**　利用者との最初の接触段階である。利用者と援助者の間で専門的信頼関係（ラポール）を築き，利用者の抱える複合的な生活上の要求を把握する。

② **アセスメント**　利用者の要求実現のために必要となる情報収集とその分析が行われる。特に利用者の現時点での生活状況，心理的背景，身体の状態や既往歴等についてアセスメントが行われ，それらを通して，問題の所在を浮き彫りにして，要求の特定が行われる。

③ **プランニング**　具体的な援助計画の策定を意味し，ケアプランと呼ばれる。ケアプラン策定では，まず目標が設定される。利用者の抱える要求を，地域の社会資源を活用することでどの様に解決していくことができるかということであり，フォーマルサービスの調整と共に，インフォーマルサービスの活用も課題となる。また，ケアプラン策定には家族を含めた利用者の選択と同意が反映されなければならない。

④ **インターベンション**　援助者が利用者とともに，生活困難に陥っている状況に直接働きかけていく段階である。策定されたケアプランの実施そのものであり，援助者は利用者の自律性に配慮しつつ，利用者自身のエンパワメントを行うという自立支援の場面であると言えよう。

⑤ **モニタリング**　ケアプラン実施過程において，利用者へのサービス

第8章　社会福祉主事の業務と社会福祉援助技術の展開

提供が効果的に行われているか否か，あるいは要求の充足度はケアプランの目標に達しているか等を分析し評価する過程である。利用者や彼らを取り巻く環境はつねに変化を続けている存在であることを考慮し，状況に応じて，サービス内容の変更，方法の修正や調整等が行われる。

⑥　**エバリュエーション**　ケアマネジメントによる援助の最終段階であり，実施された援助の結果や効果を評価する段階である。サービスが効果を

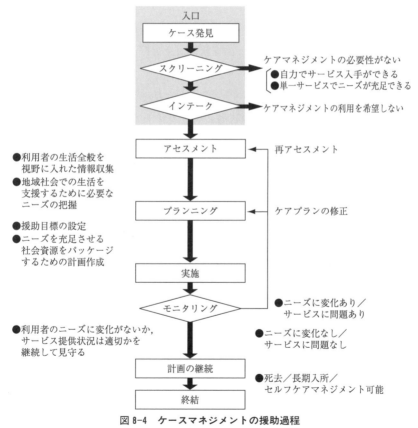

図 8-4　ケースマネジメントの援助過程

出所：福富昌城 (2002)「ケースマネジメント」黒木保博他編著『ソーシャルワーク』中央法規出版，33頁。

上げていない結果が判明した場合は，改めてアセスメントを実施し，ケアプラン策定見直し等が行われなければならない。

以上の6つの援助過程を通してケアマネジメントは実施されるが，モニタリングやエバリュエーションにおける分析結果が，適切に各過程に反映されるためのフィードバックが重要であると言えよう（図8-4参照）。

4）行政におけるケアマネジメントの導入

複合的なニーズや所管の異なるサービス等を利用者の要望に対して合理的に計画し，その実践過程を確認評価して，ニーズに適合させるための援助技術として，ケアマネジメントが介護保険発足を契機として高く評価されている。

わが国においても，障害者のニーズに即した地域社会での生活の促進を期して，2002（平成14）年3月「障害者のケアガイドライン」を示し，地域福祉行政のなかにケアマネジメントの導入とそれに必要な組織並びに従事職員の養成に努めてきた。2003（平成15）年5月には，「障害者ケアマネジメント体制支援事業実施要綱」（厚生労働省社会・援護局障害保健福祉部長通知）[注8]を示し，これによってサービスのいっそうの充実を図ることとしている。これは，サービスの多様化・専門化，所管の細分化等による隘路を援助技術によって克服し，障害者のもつ複雑・多様なニーズに応えようとするものである。

さらに，ケアマネジメントの技術的利点は，障害者に対するだけでなく，全ての要援護者への対応に活用できるものであり，すでに福祉事務所の相談面接の段階で，ケアマネジメント過程の最初の段階である「インテーク」が援助者によって意識されるようになってきている。社会福祉行政の指標では援助の「質」が重視されつつある現在，個別的なニーズへの対応が不可欠と

注8）　「ケアマネジメント体制支援事業の実施について」（平成15年5月28日障発0528001　厚生労働省社会・援護局障害保健福祉部長通知）。

なってきているからである。

　また，2005（平成17）年度から，生活保護制度運営のなかで「自立支援プログラム」が実践されているが，これは従来，生活保護がややもすると経済的側面を重視した制度運営であったのが，生活保護法のもう一つの目的である「自立の助長」を重視する方向が出されたことによるものである。

　被保護世帯をめぐる社会生活関係は，様々な社会的要因の輻輳によってもたらされているものも多く，「社会的視点での対応」が期待されている行政サービス領域となってきている。例えば，被保護世帯をめぐる社会的入院，ドメスティック・バイオレンス(DV)，虐待，多重債務，社会的差別・排他等社会環境との調整不全によって自立の助長が阻害されている場合が少なくないことからもわかる。このような自立助長阻害要因を除去あるいは軽減し，生活保護法の目的に一つでもある「自立の助長」を促進することは，生活保護行政にとって回避できない基本的業務である。まして「最低限度の生活保障」という生活保護の経済的側面に関わる行政が，「法定受託事務」として国の支援と援助で実施されるのに対し，「自立の助長」は，「自治事務」として地方公共団体独自の裁量と責任において実施するべきものとされていることから，被保護者を取り巻く地域社会のなかで，適切な指導や地域社会資源の開発・調整・活用等が福祉事務所の業務のなかで，焦点の当たる領域となってきたといえる。

　被保護者の状況の把握，社会関係の類別化，個別ニーズの精査，アセスメントや指導プランの作成と実践等，まさにケアマネジメントの技法が遺憾なく発揮されなければならない新しい領域が，福祉事務所業務のなかに明示されたといえる。

参考文献

三浦文夫・宇山勝儀（2003）『社会福祉通論30講』光生館。
大島侑・佐々木政人編著（1999）『社会福祉援助技術論』ミネルヴァ書房。
久保紘章・佐藤豊道・川廷宗之編著（2004）『社会福祉援助技術論 （上）』川島書店。
久保紘章（2004）『ソーシャルワーク　利用者へのまなざし』相川書房。
奥田いさよ（1992）『社会福祉専門職性の研究』川島書店。
岡本民夫・小田兼三編著（1990）『社会福祉援助技術総論』ミネルヴァ書房。

第 9 章

福祉事務所の業務に関する法制度

第3章に既述のとおり，福祉事務所の業務は，社会福祉法上の規定では，市部ではいわゆる「福祉六法」，郡部では生活保護法，児童福祉法，母子及び父子並びに寡婦福祉法の三法，がそれぞれ所掌事務とされているものの，「福祉地区及福祉事務所設置条例（準則）について」（昭和26年社乙発第104号）別紙において，所務として，当時のいわゆる福祉三法の他に，「社会福祉事業法の施行に関すること」「民生委員法の施行に関すること」「その他社会福祉に関する事務のうち，知事が必要と認めること」が例示されていること等から，実際的には，このほかに，民生委員，社会福祉協議会，各種手当制度など，上記法令以外で福祉事務所業務と関連する事業を幅広く所掌しているのが一般的である（図3-1参照）。

　本章では，次章の福祉事務所における自立支援事例を読み解くのに必要な主な法制度を掲載順に概観する。

1　無料定額宿泊所

　社会福祉法2条3項8号の「生計困難者のために，無料又は低額な料金で，簡易住宅を貸し付け，又は宿泊所その他の施設を利用させる事業」という規定[注1]により設置される施設である[注2]。事前相談は必要だが，都道府県知事（指定都市市長，中核市市長）への届出により開設できる。「社会福祉法第2条第3項に規定する生計困難者のために無料又は低額な料金で宿泊所を利用させる事業を行う施設の設備及び運営について」（平成15年，社援発第0731008号）の「無料低額宿泊所の設備，運営等に関する指針」により，設備基準，運営基準，施設長等の要件，費用等が明示さている。ちなみに，家賃については，

注1）　生活保護法6条2項にいう「要保護者」を含む。
注2）　生計困難者を対象に同様の事業を行うものは「他の法令で定める施設であるものを除き」にすべて該当する。

最高でも「生活保護の住宅扶助の特別基準額以内の額」とされている(敷金,礼金は求めない)。また,食費,日用品費等については,「食費,日用品費等に見合った内容のものとすること」「光熱水費を徴収する場合は,実費相当とすること」とされている。いずれも文書により本人に内訳を含めて明示する必要がある。「社会福祉法第2条第3項に規定する無料低額宿泊事業を行う施設の状況に関する調査の結果について(平成21年10月20日,社会・援護局保護課)によれば,都市部を中心に439施設,NPO法人が運営する施設が全体の約8割を占めている。また,総入所者数1万4,089人のうち,被保護者が1万2,894人となっている。

2 生活保護制度

社会保険,公的扶助,公衆衛生・医療,社会福祉の四つの制度を柱に構成されるわが国の社会保障制度において,公的扶助と比定されている制度である。わが国の社会保障制度が基本とする社会保険制度(年金保険,医療保険,雇用保険,労働者災害補償保険,介護保険)等により対応できない困窮に対する最後の手立て(セーフティネット)と位置づけられる。

1) 目　　的

生活保護法1条は,「この法律は,日本国憲法第25条に規定する理念に基き,国が生活に困窮するすべての国民に対し,その困窮の程度に応じ,必要な保護を行い,その最低限度の生活を保障するとともに,その自立を助長することを目的とする」としており,「最低限度の生活保障」とともに「自立

注3） 平成27年社援発0414第9号「生活保護法による保護の基準に基づき厚生労働大臣が別に定める住宅扶助(家賃・間代等)の限度額の設定について」により都道府県(指定都市,中核市)単位で,級地と被保護世帯の人数により定められている。

の助長」もその目的としており，社会保障の法律であるとともに，社会福祉の法律でもある側面を持ち合わせている。

2）生活保護法の基本原理

(1) 国家責任の原理（1条）

前記1条のとおり，国の責任において生活に困窮する国民の「最低限度の生活保障」をするとともに，被保護者[注4]がその能力等に相応しい自立した社会生活を送ることが可能となるよう，「自立の助長」を図ることも規定している。

(2) 無差別平等の原理（2条）

「すべて国民は，この法律の定める要件を満たす限り，この法律による保護（以下「保護」という）を，無差別平等に受けることができる」とし，旧生活保護法（昭和21年法律17号）までの欠格条項規定による制限，困窮状態になった原因による要否決定等とは異なり，差別的または優先的取り扱いを否定し，基本的には，現在の経済的状況が最低生活以下かどうかということを判断材料として保護を実施することとしている。

(3) 最低生活保障の原理（3条）

「この法律により保障される最低限度の生活は，健康で文化的な生活水準を維持することができるものでなければならない」とし，国家責任による，無差別平等の保護が保障する最低生活の水準は，単に肉体的生存が可能なレベルのものではなく，「健康で文化的な生活水準」が可能となるものであることを規定している。

注4） 現行法の規定上，「被保護者」とは，「現に保護を受けている者」で，「要保護者」とは，「現に保護を受けているといないとにかかわらず，保護を必要とする状態にある者」をいう（6条）。

(4) 保護の補足性の原理（4条）

本制度は，社会保障制度の最終的手だてとして最低生活保障を行うという位置づけから，その財源はすべて公費（税）により調達される。こうしたことなどから，制度を利用する前提として国民の側に求められる最小限度の要件を規定しているものである。

4条は，1項で「保護は，生活に困窮する者が，その利用し得る資産，能力その他あらゆるものを，その最低限度の生活の維持のために活用することを要件として行われる」，2項で「民法（明治29年法律89号）に定める扶養義務者の扶養及び他の法律に定める扶助は，すべてこの法律による保護に優先して行われるものとする。」と規定されており，「資産の活用」「（労働）能力の活用」「その他あらゆるもの活用」（同1項），「民法上の扶養義務者の扶養履行の優先」「他法他施策による扶助の優先」（同2項）が規定されている。[注5]

3）運用上の原則

(1) 申請保護の原則（7条）

「保護は，要保護者，その扶養義務者又はその他の同居の親族の申請に基いて開始するものとする」と規定している。国民の側に保護請求権が保障されていることから，請求権の行使について，「要保護者，扶養義務者又は同居親族」から「申請」という形で意思表示をしてもらうのが運用の原則としているものである。しかしながら，制度の性格上，要保護者が急迫状況にあること等も想定されることから，同条には「但し，要保護者が急迫した状況にあるときは，保護の申請がなくても，必要な保護を行うことができる。」との但し書き規定があり，「職権保護」ができる旨も規定している。[注6]

注5） この要件確認のため，公的扶助制度の一般的特徴の一つとされている資力調査（ミーンズテスト）を伴うこととなる。

注6） 25条の「職権による保護の開始及び変更」によれば，急迫状況に対しては，保護の実施機関等は「すみやかに，職権をもつて保護の種類，程度及び方法を決定し，保護を開始しなければならない」とされている。

(2) 基準及び程度の原則（8条）

「保護は，厚生労働大臣の定める基準により測定した要保護者の需要を基とし，そのうち，その者の金銭又は物品で満たすことのできない不足分を補う程度において行うものとする」（同1項），「前項の基準は，要保護者の年齢別，性別，世帯構成別，所在地域別その他保護の種類に応じて必要な事情を考慮した最低限度の生活の需要を満たすに十分なものであつて，且つ，これをこえないものでなければならない」（同2項）と規定している。

つまり，①厚生労働大臣が，要保護者の年齢，世帯構成等を勘案しつつ，「厚生労働省告示」として生活保護実施上の基準（保護基準）を明示する，②申請が受理されれば，これに基づいて最低生活費を算出する，③資力調査等による収入認定額と保護基準により算出された最低生活費を比較し，保護の要否の判定を行う，④保護が必要な場合は，最低生活費に不足する分を扶助額として支給するのが原則であるというものである。

(3) 必要即応の原則（9条）

「保護は，要保護者の年齢別，性別，健康状態等その個人又は世帯の実際の必要の相違を考慮して，有効且つ適切に行うものとする」と規定している。制度は不特定多数の国民のニーズを想定したものであり，制度である限り，法令に基づいて，どちらかといえば一定のルールに基づく画一的，機械的運用とならざるを得ない側面がある。しかし，本制度は，最低生活維持のための最終的救貧対策であるから，こうしたことを戒め，要保護者の実情に即した柔軟な運用を原則とすべきとの趣旨の規定である。

(4) 世帯単位の原則（10条）

「保護は，世帯を単位としてその要否及び程度を定めるものとする。」とし，既述の保護の要否判定，支給程度の判定は，世帯を単位として行うことを原則としている。これは，貧困という経済現象は家計を一つにしている世帯に

現れる現象であることが社会通念上一般的であることに由来するものである。但し，本条は，「これによりがたいときは，個人を単位として定めることができる」とする但書規定があり，世帯単位によりがたい特別の事情がある場合は，例外的に「世帯分離」の措置が可能であることとしている。

4）保護の種類

生活扶助，教育扶助，住宅扶助，医療扶助，介護扶助，出産扶助，生業扶助，葬祭扶助の8種類の扶助により構成され，必要に応じ，単給または併給として行われる。医療扶助と介護扶助は原則として現物給付され，これら以外の扶助は原則として金銭給付である（11条）。

5）保護の実施

保護の実施機関（実質的に福祉事務所）は，保護の開始の申請があったときは，補足性の原理に基づく調査等を実施の上，原則として14日以内に，保護の要否，種類，程度及び方法を決定し，申請者に対して書面をもって，これを通知しなければならないこととされている（24条3～5項）。申請は，福祉事務所を設置していない町村長を経由してすることもできるが，この場合，町村長は，5日以内に，要保護者に対する扶養義務者の有無，資産状況その他保護に関する決定をするについて参考となるべき事項を記載した書面を添えて，保護の実施機関に送付しなければならない（同10項）。

また，保護が開始されると，保護の実施機関は，保護費の支給を行うほか，被保護世帯の実態に応じて，年数回の訪問調査を行う。また，被保護者に対して，生活の維持，向上その他保護の目的達成に必要な指導または指示をす

注7） 保護の決定または実施のための報告，調査及び検診（28条），保護の決定または実施のための資料の提供等（29条）等の規定に基づき，①家庭訪問等による生活状況等を把握する調査，②預貯金，保険，不動産等の資産調査，③扶養義務者の扶養（仕送り等）の可能性の調査，④年金等他の社会保障給付，就労収入等の調査，⑤就労可能性の調査等。

ることができることとされており，就労の可能性のある場合，必要に応じて就労に向けた助言や指導が実施される（27条）。

3　ハローワークのナビゲーター

「生活保護受給者等就労支援事業実施要領」（平成17年3月29日，職発第0329003号）により，ハローワークが中心となって，福祉事務所と連携して，就労・自立の意欲が一定程度以上ある被保護者と児童扶養手当受給者に対して，①就労支援コーディネーターによる支援メニューの選定等，②就職支援ナビゲーターによる就職支援を実施することとなった。第11章にも記載のとおり，被保護者の増加傾向と共に，抱える問題が多様化し就労の場から離れている者が多く，その自立を支援するためには，福祉事務所とハローワークとの連携が課題であるが，福祉事務所は，就労支援のノウハウ等の蓄積が十分とは言えず，ハローワークが福祉事務所と連携して就職を支援していくことが重要とされ実施された。

ナビゲーターは，きめ細かな就職支援を担当者制により一貫して行うこととなった。同事業は，現在，「生活保護受給者等就労自立促進事業」へと発展している（表11-12参照）。

4　児童手当

1）目　的

児童手当法（昭和46年法律73号。以下，この項において「法」という。）1条は，「この法律は，（中略）児童を養育している者に児童手当を支給することによ

り，家庭等における生活の安定に寄与するとともに，次代の社会を担う児童の健やかな成長に資することを目的とする」としている。

2）支給要件

(1) 児童手当は，次の各号のいずれかに該当する者に支給する。
一 次のイ又はロに掲げる児童（以下「支給要件児童」という。）を監護し，かつ，これと生計を同じくするその父又は母（当該支給要件児童に係る未成年後見人があるときは，その未成年後見人）であつて，日本国内に住所を有するもの
　イ　15歳に達する日以後の最初の3月31日までの間にある児童（施設入所等児童を除く。）
　ロ　中学校修了前の児童を含む2人以上の児童（施設入所等児童を除く。）
二　日本国内に住所を有しない父母等がその生計を維持している支給要件児童と同居し，これを監護し，かつ，これと生計を同じくする者（当該支給要件児童と同居することが困難であると認められる場合にあつては，当該支給要件児童を監護し，かつ，これと生計を同じくする者とする。）のうち，当該支給要件児童の生計を維持している父母等が指定する者であつて，日本国内に住所を有するもの（当該支給要件児童の父母等を除く。以下「父母指定者」という。）
三　父母等又は父母指定者のいずれにも監護されず又はこれらと生計を同じくしない支給要件児童を監護し，かつ，その生計を維持する者であつて，日本国内に住所を有するもの
四　15歳に達する日以後の最初の3月31日までの間にある施設入所等児童（以下「中学校修了前の施設入所等児童」）が委託されている小規模住居型児童養育事業を行う者若しくは里親又は中学校修了前の施設入所等児童が入所若しくは入院をしている障害児入所施設，指定発達支援医療機関，乳児院等，障害者支援施設，のぞみの園，救護施設，更生施設若しくは

婦人保護施設（以下「障害児入所施設等」）の設置者

(2) (1)の一の場合において，児童を監護し，かつ，これと生計を同じくするその未成年後見人が数人あるときは，当該児童は，当該未成年後見人のうちいずれか当該児童の生計を維持する程度の高い者によって監護され，かつ，これと生計を同じくするものとみなす。

(3) (1)の一又は二の場合において，父及び母，未成年後見人並びに父母指定者のうちいずれか二以上の者が当該父及び母の子である児童を監護し，かつ，これと生計を同じくするときは，当該児童は，当該父若しくは母，未成年後見人又は父母指定者のうちいずれか当該児童の生計を維持する程度の高い者によつて監護され，かつ，これと生計を同じくするものとみなす。

(4) (2)にかかわらず，児童を監護し，かつ，これと生計を同じくするその父若しくは母，未成年後見人又は父母指定者のうちいずれか一の者が当該児童と同居している場合（当該いずれか一の者が当該児童を監護し，かつ，これと生計を同じくするその他の父若しくは母，未成年後見人又は父母指定者と生計を同じくしない場合に限る。）は，当該児童は，当該同居している父若しくは母，未成年後見人又は父母指定者によって監護され，かつ，これと生計を同じくするものとみなす（4条）。

3）実施機関と支給手続

市町村（含：特別区）長が受給資格の認定及び支給の事務を扱う（7条，8条）。公務員については，勤務先（所属する官署等の長又はその委任を受けた者）が認定及び支給の事務を行う（17条）。

4）支給額

(1) **所得制限額未満の場合（6条）**
① 0～3歳未満：一律月額15,000円

② 3歳〜小学校修了前：第1子，第2子　月額各10,000円
　　　　　　　　　　　　　第3子以降　月額15,000円
③ 中学生：一律月額10,000円

(2) 所得制限額以上の場合

特例給付：一律月額5,000円

(3) 所得制限（5条）

前年の所得が次の額以上である場合，支給されない。
① 扶養親族等及び児童がいないとき　622万円
② 扶養親族等及び児童があるとき　622万円に扶養親族等及び児童1人につき38万円を加算した額

5）支払期月

原則として，毎年2月，6月及び10月の三期に，それぞれの前月までの分が支給される（8条）。

5　児童扶養手当

1）目　的

本手当制度は，父母の離婚等により，父又は母と生計を同じくしていない児童が育成される家庭の生活の安定と自立の促進に寄与するため，当該児童について児童扶養手当を支給し，もって児童の福祉の増進を図ることを目的とする（児童扶養手当法〔昭和36年法律238号〕以下，この項において「法」という）。

2）支給要件

次のいずれかに該当する児童（18歳到達後の最初の3月31日までの児童又は児童が政令で定める程度の障害を有する場合は20歳未満まで）を監護（養育）している父，母または，父母にかわって養育している者に対して支給する（法4条，令1条，令1条の2）。

ア　父母が婚姻を解消した児童
イ　父又は母が死亡した児童
ウ　父又は母が以下に定める程度の障害の状態にある児童
　一　両眼の視力の和が0.04四以下のもの
　二　両耳の聴力レベルが100デシベル以上のもの
　三　両上肢の機能に著しい障害を有するもの
　四　両上肢のすべての指を欠くもの
　五　両上肢のすべての指の機能に著しい障害を有するもの
　六　両下肢の機能に著しい障害を有するもの
　七　両下肢を足関節以上で欠くもの
　八　体幹の機能に座つていることができない程度又は立ち上がることが

注8） 児童扶養手当法施行令（昭和36年政令405号）。以下，この項において「令」という。
注9） 令1条により「一　両眼の視力の和が〇・〇八以下のもの，二　両耳の聴力レベルが九〇デシベル以上のもの，三　平衡機能に著しい障害を有するもの，四　そしやくの機能を欠くもの，五　音声又は言語機能に著しい障害を有するもの，六　両上肢のおや指及びひとさし指又は中指を欠くもの，七　両上肢のおや指及びひとさし指又は中指の機能に著しい障害を有するもの，八　一上肢の機能に著しい障害を有するもの，九　一上肢のすべての指を欠くもの，十　一上肢のすべての指の機能に著しい障害を有するもの，十一　両下肢のすべての指を欠くもの，十二　一下肢の機能に著しい障害を有するもの，十三　一下肢を足関節以上で欠くもの，十四　体幹の機能に歩くことができない程度の障害を有するもの，十五　前各号に掲げるもののほか，身体の機能の障害又は長期にわたる安静を必要とする病状が前各号と同程度以上と認められる状態であつて，日常生活が著しい制限を受けるか，又は日常生活に著しい制限を加えることを必要とする程度のもの，十六　精神の障害であつて，前各号と同程度以上と認められる程度のもの，十七　身体の機能の障害若しくは病状又は精神の障害が重複する場合であつて，その状態が前各号と同程度以上と認められる程度のもの」とされている。

できない程度の障害を有するもの
　九　前各号に掲げるもののほか，身体の機能に，労働することを不能ならしめ，かつ，常時の介護を必要とする程度の障害を有するもの
　十　精神に，労働することを不能ならしめ，かつ，常時の監視又は介護を必要とする程度の障害を有するもの
　十一　傷病が治らないで，身体の機能又は精神に，労働することを不能ならしめ，かつ，長期にわたる高度の安静と常時の監視又は介護とを必要とする程度の障害を有するものであつて，厚生労働大臣が定めるもの
エ　父又は母の生死が明らかでない児童
オ　父又は母が引き続き1年以上遺棄している児童
カ　父又は母が法令により引き続き1年以上拘禁されている児童
キ　母が婚姻によらないで懐胎した児童
ク　キに該当するかどうかが明らかでない児童

本手当については，児童が「日本国内に住所を有しないとき」等の場合の支給制限がある。また，受給資格者等の前年の所得が，次頁の所得制限表（表9-1）に定める額以上の場合，全部または一部が支給されない（法9条）。

3）実施機関と支給手続

　都道府県知事，市長（特別区の区長を含む）および福祉事務所を管理する町村長が受給資格の認定及び支給の事務を扱う（4条，6条）。

4）手　当　額

　手当額は，前記のとおり，受給資格者等の前年の所得に応じて算出される。
　全部支給がされる場合の月額は，児童1人の場合が4万2,000円で，第2子がいる場合5,000円，第3子以降がいる場合は1人月額3,000円を加算した額である。

表 9-1 所得制限表

(2014〔平成26〕年8月1日現在・単位:円)

扶養親族等の人数	受給資格者本人		配偶者・扶養義務者
	全部支給	一部支給	
0人	190,000	1,920,000	2,360,000
1人	570,000	2,300,000	2,740,000
2人	950,000	2,680,000	3,120,000
3人	1,330,000	3,060,000	3,500,000
4人	1,710,000	3,440,000	3,880,000
5人以上	1人につき38万円加算		

　一部支給となった場合の月額は,「4万1,990円－(受給者の所得額－全部支給所得制限限度額〔10円未満四捨五入〕)×0.0185434」という計算式により10円刻みで決定する。

5)支給期月

　毎年4月,8月および12月の三期に,それぞれの前月までの分が支給される(7条)。

6　生活保護受給者等就労自立促進事業

　本章3節に前述したとおり,2005(平成17)年度から実施の「生活保護受給者等就労支援事業実施要領」を発展的に継承したものである(表11-12参照)。

　生活保護受給者,児童扶養手当受給者,住宅支援給付受給者のみならず,生活保護の相談・申請段階の者等,広く生活困窮者を対象として,ハローワークと地方自治体の協定等に基づき,両者によるチーム支援方式により,支

援対象者の就労による自立を促進するものである。地方自治体へのハローワーク常設窓口の設置や巡回相談等の実施によるワンストップ型の支援体制を全国的に整備している。

7　就労自立給付金

「生活保護法の一部を改正する法律」（平成25年法律104号）により，新たに法定化された。生活保護から脱却すると，被保護者の持つ公課禁止の権利などが受けられず，税金，社会保険料等の負担が生じる。こうした点を踏まえ，生活保護を脱却するためのインセンティブを強化するとともに，脱却直後の不安定な生活を支え，再度保護に至ることを防止するため，保護受給中の就労収入のうち，収入認定された金額の範囲内で別途一定額を仮想的に積み立て，安定就労の機会を得たことにより保護廃止に至った時に支給（上限額：単身世帯10万円，多人数世帯15万円）する制度である。実施機関は，「都道府県知事，市長及び福祉事務所を管理する町村長」（生活保護法55条の4）とされており，福祉事務所が現業機関となる。

8　被保護者就労支援事業と就労支援員

「就労自立給付金」と同様「生活保護法の一部を改正する法律」（平成25年法律104号）により，新たに法定化された。「セーフティネット支援対策等事業の実施について」（平成17年社援発03331021号）の「自立支援プログラム策定実施推進事業」の就労支援事業として予算事業として実施してきた事業について，重要性に鑑み，法律上明確に位置づけ，生活困窮者自立支援法に基づく自立相談支援事業の就労支援に相当する支援が行えるよう，生活保護法55

条の6を新設し制度化したものである（表11-12参照）。福祉事務所の就労支援員（次章では「就労支援相談員」）は，被保護者の就労意欲の喚起，履歴書の書き方や面接の受け方の指導，公共職業安定所への同行訪問等を行い，就労による経済的自立の支援を図る。

9　自立活動確認書と就労活動促進費

「就労可能な被保護者の就労・自立支援の基本方針について」（平成25年社援発0516号第18号）による。「自立活動確認書」に基づく集中的な就労支援（2013〔平成25〕年5月から実施）は，①就労可能と判断する被保護者であって，②保護受給開始後一定期間内に就労自立が見込まれる者を対象に，③本人の同意を得て，④求職活動の具体的な目標，内容を決定し，本人との共通認識のもとで福祉事務所が就労活動を的確に支援するものである。

「就労活動促進費」（2013〔平成25〕年8月から実施）は，被保護者は就労活動の状況にかかわらず，保護費の受給額は同じであることから，就労活動に必要な経費の一部を賄うことで，就労活動のインセンティブとし，早期の保護脱却を目指すもので，①保護の実施機関が，早期に就労による保護脱却が可能と判断する被保護者であって，②就労による自立に向け，自ら積極的に就労活動に取り組んでいると認める者（ハローワークにおける求職活動等を一定程度以上行っていること）に，③月額5,000円（支給対象期間：原則6か月以内，延長3か月，再延長3か月）支給するものである。基本的には「自立活動確認書」に基づく集中的な就労支援とあわせて実施する。

10 国民年金

「国民皆年金」のもとで，原則として，全国民が加入し，一定の資格期間（原則的には保険料納付済期間）があれば，全国民共通の「基礎年金（老齢，障害，遺族）」を受給する。老齢基礎年金額は，強制加入期間（20〜59歳）すべて保険料を納付した場合で月6万5,000円程度であるが，免除期間，未納期間等があれば減算される。

11 介護保険

第2章で前述したとおり，高齢者等に対する介護サービスを行政の措置から保険給付として利用することとした制度である。「デイサービス」は，保険給付の一つで，通所介護施設で入浴，排せつ，食事等の介護その他の日常生活上の支援／世話や機能訓練を日帰りで行うサービスである。「ケアマネージャー」は，個々の利用者の利用（保険給付の種類，提供を受ける業者を選択する）を支援するため，本人や家族の意向を踏まえつつ，ケアプランの策定等を実施する。

12 養護老人ホームと特別養護老人ホーム

老人福祉法（昭和38年法律133号）11条において，「養護老人ホーム」は「65歳以上の者であって，環境上の理由及び経済的理由により居宅において養護を受けることが困難なもの」が，「特別養護老人ホーム」は「65歳以上の者

であつて，身体上又は精神上著しい障害があるために常時の介護を必要とし，かつ，居宅においてこれを受けることが困難なもの」（下線筆者）が，それぞれ入所する施設とされている。また，介護保険法（平成9年法律123号）86条は，保険給付の一つである「介護老人福祉施設」について「特別養護老人ホームのうち，その入所定員が30人以上であって都道府県の条例で定める数であるものの開設者の申請があったものについて行う」としている。

したがって，「養護老人ホーム」は老人福祉法による措置としての入所であり，「特別養護老人ホーム」は，措置の場合と保険給付の場合がある。

13　救護施設

生活保護法上の保護施設の一つで，身体上または精神上著しい障害があるために日常生活を営むことが困難な要保護者を入所させて，生活扶助を行うことを目的とする施設である。

身体や精神に障害があり，かつ，経済的な問題も含めて日常生活をおくるのが困難な人たちが，健康に安心して生活するための施設で，障害の種類によって対象が規定されていないため，身体障害者，知的障害者，精神障害者，これらを重複して持つ者，ホームレスの人など，多様な人が生活している。

14　障害者総合支援法による自立生活訓練等

「障害者の日常生活及び社会生活を総合的に支援するための法律（略称：障害者総合支援法）」は，「地域社会における共生の実現に向けて 新たな障害保健福祉施策を講ずるための関係法律の整備に関する法律」（平成24年法律51号）により，「障害者自立支援法」（平成17年法律123号）を改称したものである。

「自立訓練(生活訓練)」(次章では「自立生活訓練」)は,入所施設・病院を退所・退院した者で,地域生活への移行を図るうえで,生活能力の維持・向上などの支援が必要な者等を対象に,障害者支援施設若しくはサービス事業所に通わせ,または当該障害者の居宅を訪問することによって,入浴,排せつ及び食事等に関する自立した日常生活を営むために必要な訓練,生活等に関する相談および助言,その他の必要な支援を行う。

就労支援サービスには,①「就労移行支援」(就労を希望する65歳未満の障害者で,通常の事業所に雇用されることが可能と見込まれる者に,生産活動,職場体験その他の活動の機会の提供その他の就労に必要な知識及び能力の向上のために必要な訓練,求職活動に関する支援,その適性に応じた職場の開拓,就職後における職場への定着のために必要な相談,その他の必要な支援を行う),②「就労継続支援A型(雇用型)」(企業等に就労することが困難な者につき,雇用契約に基づき,継続的に就労することが可能な65歳未満の者に対し,生産活動その他の活動の機会の提供,その他の就労に必要な知識および能力の向上のために必要な訓練,その他の必要な支援を行う),③「就労継続支援B型(非雇用型)」(通常の事業所に雇用されることが困難な障害者のうち,通常の事業所に雇用されていた障害者で,引き続き当該事業所に雇用されることが困難となった者,就労移行支援によっても通常の事業所に雇用されるに至らなかった者等に生産活動その他の活動の機会の提供,その他の就労に必要な知識および能力の向上のために必要な訓練,その他の必要な支援を行う)がある。

共同生活援助(グループホーム)は,地域で共同生活を営むのに支障のない障害者を,主として夜間において,共同生活を営むべき住居において相談,入浴,排せつ,食事の介護その他の日常生活上の援助を行うものである。「共同生活介護(ケアホーム)」(次章では「共同生活介護施設」,共同生活を営むべき住居に入居している障害者を,主として夜間において,共同生活住居において入浴,排せつおよび食事等の介護,調理,洗濯および掃除等の家事,生活等に関する相談および助言,就労先その他関係機関との連絡,その他の必要な日常生活上の世話を行う)は,2014(平成26)年度から「共同生活援助(グループホーム)」に一元化

された。

15　デイケア

「デイケア」は，大きく分けて，①介護保険における「通所リハビリテーション（通称：デイケア）」と②精神科デイケアがあり，次章の事例では後者（精神障害者の社会生活機能の回復を目的として個々の患者に応じたプログラムに従ってグループごとに治療するもの）を指す。

16　ホームヘルパー

これも，介護保険における訪問介護など，主に高齢者に対するものと，障害者総合支援法による居宅介護など，主に障害者に対するものに大別できる。次章の事例では後者を指し，必要に応じて，身体介護（入浴や排せつ，食事などの介助），家事援助（調理，洗濯，掃除などの生活援助），移動支援（屋外の移動に制限がある人への外出援助）を行う。

参考文献
宇山勝儀・船水浩行編著（2012）『公的扶助論──低所得者に対する支援と生活保護制度』光生館．
週刊社会保障編集部編（2015）『社会保障便利事典　平成27年版』法研．
中央法規出版編集部編（2014）『改正生活保護法・生活困窮者自立支援法のポイント』中央法規出版．
（2015）『社会保障の手引──施策の概要と基礎資料　平成27年版』中央法規出版．

第10章

福祉事務所における自立支援の事例

1 対人援助の基本的コンセプト

　社会福祉における対人援助は，クライエントが直面する「生活のしづらさ」[注1]を，クライエント自身が主体的に解決することを支援するソーシャルワーク実践である。この実践の主体者であるソーシャルワーカーは，高い職業倫理・価値を基盤とし，クライエントの苦しみに接近し共感しながら，対等な関係と信頼関係を育て，協力（partnership）・協働（collaboration）体制を構築するとともに，専門的な知識と技術を駆使して対人援助を行う。

　対人援助の基本的なコンセプトは，IFSW（国際ソーシャルワーカー連盟）の「ソーシャルワーク専門職のグローバル定義」（第7章参照）に示されている。すなわち，「ソーシャルワークは，社会変革と社会開発，社会的結束，および人々のエンパワメントと解放を促進する，実践に基づいた専門職であり学問である。社会正義，人権，集団的責任，および多様性尊重の諸原理は，ソーシャルワークの中核をなす。ソーシャルワークの理論，社会科学，人文学，および地域・民族固有の知を基盤として，ソーシャルワークは，生活課題に取り組みウェルビーイングを高めるよう，人々やさまざまな構造に働きかける」という定義である。

　このコンセプトを実現するために，ソーシャルワーカーはクライエントを生活者・サービス利用者ととらえ，利用者の固有性と主体性を基盤とする基本的人権の尊重を視点として持つことが要請される。その際，クライエントの生活を人と環境の交互作用で積み重ねられる立体的なシステムとしてトータルにとらえ，現実の生活に焦点をあてる。現実に直面するさまざまな生活

注1）　「生活のしづらさ」とは，精神障害者が精神疾患を有するとともに克服可能な日常生活や社会生活の課題を有する状態にあることを示す谷中輝雄の造語である（谷中輝雄（1993）『谷中輝雄論稿集Ⅰ　生活』やどかり出版）。

の課題は，ソーシャルワーカーがクライエントに代わり解決すべきものではない。クライエントが，ソーシャルワーカーとの信頼関係の育みを体験する過程を通してエンパワメントされた問題解決能力をクライエント自身が最大限に活用し，自らの自己決定を信頼しながら解決するものである。したがって，ソーシャルワーカーは，クライエントの問題解決能力を強めると同時に，クライエントが問題解決に主体的に取り組むことができるよう社会福祉諸サービスの提供と維持，改善・向上に向けた社会変革にも努めなくてはならない。このようなソーシャル・アクションは，ノーマライゼーション，ソーシャル・インクルージョンの思想に支えられ，クライエントを中心とした地域ネットワークを形成しながら運動として展開されるものである。すなわち，[注2]ソーシャルワーク実践の使命である人間の福利の増進は，クライエントを状況の中にある人ととらえ，クライエント（人）と社会関係（環境）との双方に働きかける二重の焦点（dual focus）を固有の視座とする力動的で統合的（ジェネリック）な対人援助実践によって促進されよう。

2　対人援助実践における最重要視点

　1990年代以降，社会福祉政策・運営は，「措置から利用契約へ」「個別施策から総合施策へ」「中央から地方へ」とパラダイムの大きな転換を遂げつつある。「福祉行政の中核的な第一線の現業機関」「地域福祉の推進機関」として，また国民・住民・利用者の生活課題の解決・緩和を図る機関として福祉事務所に期待される役割・機能を果たす責務は重大である。中でも，[注3]社会福

注2）　秋山薊二（2005）「ジェネラル・ソーシャルワークの基礎概念」太田義弘・秋山薊二編『ジェネラル・ソーシャルワーク　社会福祉援助技術論』光生館，13頁。
注3）　岡部卓（2008）「福祉事務所のゆくえ　成立・展開・変容」『社会福祉研究』第101号，鉄道弘済会，30頁。

祉法の基本理念（社会福祉法3条）である「その有する能力に応じ自立した日常生活を営むことができるように支援する」とした自立支援のコンセプトは，人間の福利の増進を促進する対人援助実践における最重要視点であることは言うまでもない。増加の一途をたどる虐待，家庭内暴力（ドメスティック・バイオレンス＝DV），ホームレス，自殺，アルコール依存等のアディクション（嗜癖＝Addiction）などの現代社会における諸問題は，深刻化する経済不況と連動しながら人間を社会的孤立・孤独や社会的排除・摩擦へと追い込んでいく。これらの問題は，人間の基本的人権を侵害し，困難を乗り越える潜在能力を抑圧しパワーレスネスな状態へと陥れ生命活動までも脅かすのである。ソーシャルワーカーは，このようなクライエントが明らかに援助の対象者としてサービス利用のニーズを持っていることに着目しなくてはならない。しかし，一方では，必要なサービスの情報やアクセスの障害，他者に援助を求める力や課題に取り組むための動機づけそのものの脆弱化が，クライエントをサービスや支援から孤立させることにも注意を払わなくてはならない。したがって，福祉事務所における対人援助は，とりわけ申請しない・できない人，支援の手が届かない人，支援を拒む人に対して，危機介入，アウトリーチ，エンパワメント，ストレングスなどの方法理論に依拠した能動的なアプローチを基盤に，その役割・機能を発揮する実践が強く求められる。具体的には，次に示す給付・対人サービス機能に加え，アドミニストレーション機能の発揮である。

　直接的な給付・対人サービス機能とは，①最低生活保障と相談援助・支援活動，②多元化する福祉サービス供給組織では対応できない住民の多様な福祉サービスへの最終的な対応を示す。供給組織では対応できない住民の多様

注4）　社会的な援護を要する人々に対する社会福祉のあり方に関する検討会委員「社会的な援護を要する人々に対する社会福祉のあり方に関する検討会」報告書（2000），厚生省（現厚生労働省）。

注5）　岡部卓，前掲書，30頁。

な福祉課題に対して対人サービスを行っていく役割・機能である。これらの実践は、直接援助とも呼ばれ、クライエントが主体的に生活課題に取り組み解決する支援である。

　一方、アドミニストレーション機能とは、①住民の生活実態と福祉ニーズの把握（リサーチ機能）、②計画・政策立案（プランニング機能）、③管理機能（マネジメント、フォローアップ機能）、④団体・サービス供給組織・関係諸機関に対する関係調整やネットワーク化を図る機能（コーディネート機能）である。

　さらに、これらの機能に加え、社会福祉の受け手と担い手との双方向の関係、つまり、サービスの受け手であるに留まらず、サービスの担い手ともなることへの認識、活動領域によって非セクターとして、市民参加によって第三者評価を内包した実践主体を形成していくことが求められる。同時に、一部の専門職によってサービスが担われるのではなく、多元的な供給システムの構築を促しながら、資源開発を進めていく参加型社会となるような社会変革（間接援助）を目指さなくてはならない。[注6]

　さらに、2015（平成27）年に施行された生活困窮者自立支援法は、生活保護に至る前の段階で自立支援策の強化を図ることを目的としている。また、同年に改正された生活保護法は、就労自立給付金を創設するなど、再び生活保護を受給しないよう予防的支援を行うとする新たな自立支援を福祉事務所に求めている。したがって、福祉事務所の対人援助は、これまで以上に、クライエントのストレングスを引き出すソーシャルワークによる包括的な自立支援を行うことが期待される。

　以下、事例に基づき福祉事務所の対人援助を解説する。

注6） 山﨑美貴子（2003）『社会福祉援助活動における方法と主体　わが研究の軌跡』相川書房、288頁。

1）生活保護事例①——就労支援

〈申請経緯〉

35歳男性（以下，「本人」という。）は知人の紹介により建設会社で働いていたが，人間関係のトラブルから退職し，ホームレス生活となった。ある時，駅前で蹲っていたところをNPO法人に保護され，無料低額宿泊所に入寮した。しかし所持金が僅かであったため，生活保護を申請することになった。

〈申請までの生活〉

本人は3人兄弟の三男として生まれた。高校を卒業後，陸上自衛隊に入隊し，6年間勤めた。除隊後は馬の飼育，自動車関連の期間工，溶接工，警備員などの仕事をしながら居住地を転々とし，どれも長続きはしなかった。

〈援助の展開〉

本人は生活保護の申請時に，健康だからすぐ自立できるという申し立てであったが，訪問し生活状況を確認すると，いつも覇気がなく，すぐ自立することは困難と思われた。そこでまずは寮内の賄いとしての仕事をすることになり，毎月1万円の手当ではあるが，生活のリズムを作ることから始めた。

そのような生活が1年続き，そろそろハローワークでの求職活動が可能であると思われたことから，ハローワークのナビゲーターと連携し就労支援を行ったものの結果が出なかった。ケースワーカーとの面談の中で，その原因は携帯電話の料金が未払いで，会社からの連絡が不通状態になる期間があることが判明したため，すぐに料金プランの変更を行った。その料金が安定した頃にはスーツやネクタイを購入し生活保護の支給日にはスーツ姿で来所するようになり，福祉事務所で行っている模擬面接にも参加するようになった。生活保護の申請から5年ほど経った時に，トラクター製造工場の仕事が決まり生活保護の廃止となった。

〈援助の視点〉

① **アセスメントを行った上でのタイムリーな支援**　本人は頼れる親族も

なく，人間関係も苦手でありながら無料低額宿泊所での集団生活を余儀なくされ，精神的に落ち込んでいた。そこで，その都度，現在の状況をアセスメントし，また本人のできることに着目しながら寮内の賄い，スーツなどの購入，模擬面接の参加という段階を踏み，経済的自立へとつなげた。

② 自立に向けた就労阻害要因の排除　自立に結びつかないケースは何らかの要因を抱えており，それに気付かずにケースワークをしていても効果的な支援にならず，よい結果は生まれない。今回のケースは携帯電話の料金プランの変更を行うことで本人に精神的余裕ができ，就労に対しての意欲が強くなった。

〈解　説〉

　福祉事務所においては，多種多様な相談を受ける。景気はやや上向きでありながらもホームレスの相談は少なくない。借金，親族との関係の悪化，無料低額宿泊所の人間関係の軋轢，あるいは敗北感，無気力，依存などの退行状態など，問題は多岐に亘り，そこから脱却するのは容易ではない。この点についてケースワーカーは本人と親身に向き合い，一つひとつ丁寧に解決に向けた話し合いをし，本人のできるところを見つけるといったいわゆるストレングスの視点を大事にしながら，自立に向けた援助計画を立案することが求められている。また無料低額宿泊所は一時的な起居の場であることから，並行して居宅生活に向けた支援も必要である。

　生活保護の廃止後に貧困に陥る可能性もあることから，民生委員や各関係機関との連携を図るとともに，2015（平成27）年4月に施行された生活困窮者自立支援法のアナウンスも重要である。

2）生活保護事例②——母子家庭への支援

〈申請経緯〉

　40歳女性（以下，「本人」という。）は夫と子ども4人で生活していた。夫と本人の給料で生計を立てていたが，離婚により本人は子ども4人とともにア

パート生活をするようになった。本人は仕事を辞め，しばらくは多少の貯蓄で生活できたものの児童手当，児童扶養手当だけでは生計維持困難となったため生活保護を申請することになった。

〈申請までの生活〉

本人は4人兄弟の二女として生まれた。中学校を卒業後，電機工業で働きながら定時制高校に通学していた。しかし数カ月後に退職・中退しスーパーで働くようになった。結婚し子ども4人を出産した後は生命保険会社などで働いていたが，夫と離婚することになった。

〈援助の展開〉

生活保護の申請時点では無職であったが，第4子を保育園に預けパート就労をするようになった。子どもが学齢期や幼少だったことから就労時間には制限があり，福祉事務所としても本人は最大限の能力を発揮していると判断し，適宜必要な支援を行った。

子どもが成長し，3人の子どもが自立した頃にダブルワークを始め，また希望でもあった宅地建物取引士（宅建）の国家資格を通信教育で取得した。ケースワーカーはこれらの状況を把握した上で，生活保護受給者等就労自立促進事業の対象とするのが望ましいと判断し，定期的にハローワークへの通所あるいは履歴書の添削などの就職支援ナビゲーターの指導を受けるよう助言した。本人は頑張り屋でもあり，宅建の資格を活かした求職活動を行った結果，不動産会社に採用され営業の仕事に就くことになり，生活保護の廃止となった。また，今後の生活を安定させるため就労自立給付金申請の助言も行った。

〈援助の視点〉

① **本人の意思を尊重した支援**　本人の納得を得ずに就労を勧めることは，就労先に定着し，自立できるように促すという就労支援本来の目的からすると適当ではないことから，本人が自ら取得した宅建の資格に着目し，意欲を尊重しながら就労支援を展開した。

② **他機関や事業との連携**　改正生活保護法により被保護者就労支援事業が創設されたが，その事業は福祉事務所にいる就労支援相談員を活用するプログラムである。しかし，本人の現在の状態を考えると，生活保護受給者等就労自立促進事業の対象にした方がより効果的であると判断したため，関係機関と連携をすることで早期の自立につながった。

〈解　説〉

　母子家庭の場合，子どもが複数いるとそれだけ最低生活費が高くなることから，それ以上の収入がなければ生活保護から脱却できない。まして子どもが幼少となれば，保育園の送迎あるいは子どもの健康管理などの理由で就労時間が制限される。せっかく就労しても休みがちになれば職場の理解がないと仕事の継続は難しい。

　このようなことから，この事例は生活保護の廃止まで10年以上を要しているが，本人の努力や他法他施策の活用には限界があり，生活保護が長期に亘ることもやむを得ないと思われる。

　国が示している就労可能な被保護者の就労・自立支援の基本方針においては，保護脱却まで切れ目なく集中的な支援を行い，生活保護受給者の就労による自立を促していることとしており，自立活動確認書の作成や就労活動促進費の活用，あるいは福祉事務所独自の就労支援プログラムを利用した自立支援が必要である。さらに改正生活保護法によって創設された就労自立給付金は，生活保護から脱却すると税・社会保険料等の負担が生じるため，生活保護を脱却するためのインセンティブを強化するとともに，脱却直後の不安定な生活を支え，再度生活保護に陥らないようにすることを目的としていることから，福祉事務所はこれらをうまく組み合わせた支援の展開が望まれている。

3）高齢者福祉事例

〈申請までの経緯〉

　A氏（83歳・女性）は特定疾患（頚椎後縦靱帯骨化症）を患っており，初相談の数カ月前から入院していた。特定疾患については，助成があったもののその他の疾病を併発しており，医療費の負担は増大する一方であった。実妹や知人による援助でなんとか治療を続けていたが，これ以上の援助は困難との理由から，1989（平成元）年2月（63歳時），知人がA氏の生活保護受給についての相談のため初来所，結果的に医療費捻出困難と認められ，生活保護申請となる。

〈申請までの生活〉

　A氏には婚姻歴はなく，何十年もの間一人暮らしをしていた。

　1970（昭和45）年頃からT市にて食堂を経営していたが，1977（昭和52）年，自身の体調不良が原因で店をたたむこととなった。その後は，妹や食堂を経営していた際に知り合った知人の援助を受けながら入退院を繰り返し，日々生活を送っていた。1978（昭和53）年，特定疾患の認定を受けた後，他の疾病も併発し長期の入院を余儀なくされた。60歳からは，国民年金を受給しているが，高額な医療費の支払いなどにより生活困窮状態に陥ったという経緯がある。

〈援助の展開——生活保護受給後の援助等について〉

　1989（平成元）年4月の退院後，T市内で居宅生活を開始したが，疾病や長期の入院により筋力は著しく低下しており，日常生活においては介助を要する旨の診断が医師より下された。当然のことながら施設入所も検討したが，結果的には居宅生活を選択し，買い物，調理，掃除などについては知人が介助・対応することとなった。知人も初めのうちは献身的にA氏の介助を行っていたものの徐々に仕事が忙しくなり，やがて週1回程度の介助がやっとという状況となる。妹は県内におり，時折，姪とともに訪ねて来てはくれるが

定期的な訪問とまではいかなかった。

　独居生活が長くなったA氏に対し，施設入所を検討してみてはどうかと当時の生活保護担当者が話しを持ちかけるが，親族や知人も訪ねてくれ，毎日の生活もなんとか自分で行えるからとの理由で施設入所を拒む状況であった。

　そこで，福祉事務所内部にてA氏に対してのケース会議を開催し，その後，親族をはじめ，民生委員，医師等参加のもと関係各所からの意見聴取及び情報交換の場を設けることとなった。医師の見解としては，やはり日常的な介助を要するため施設への入所が望ましいとのことであり，親族にはさらなる訪問，説得をお願いし，民生委員にも頻繁に見回りして頂くよう依頼した。

　その後も依然として施設入所を拒む状況が続いたが，2000（平成12）年，介護保険制度の施行を機に，介護担当者とともにA氏を訪問し介護サービスの利用を勧める。それでもA氏は，「これ以上，人様には迷惑をかけたくない」「自分のことは自分でやる」の一点張りで，介護サービス利用に対しては，極めて消極的であった。その後も折に触れA氏に対し，介護サービス利用や施設入所などを勧め，その甲斐あって2001（平成13）年，ようやく週1回デイサービス（介護保険制度に基づき利用；要介護1）に通い始めた。幸いなことにA氏もサービスを気に入り，その後も継続して利用していた。

　担当ケアマネジャーいわく，デイサービスの利用により生活は安定してきているとのことであり，また自宅内では，あまり移動しないためか，部屋の中はそれほど散らかっておらず，食べ物に関しても知人が買って来てくれるのでヘルパー利用ではなく，当面はデイサービスの利用で大丈夫とのことである。

　しかし，介護サービス利用後数年が経過した時点で，A氏に記憶力や体力に大幅な低下が明らかにわかるようになり，時折，認知症のような症状も見受けられるようになる（その後，医師の診断により認知症であることが判明）。そこで，A氏に対し施設入所について再度説明を行うも，やはりA氏は入所を拒否し，これまでと同様の主張を繰り返すのみであった。

こうした状況のもと，ケアマネジャーや民生委員などが集まり，再びケース会議を開催する。A氏自身，記憶力は低下しているものの本人が生活に支障を来すほどには感じておらず，近隣住民などとのトラブルもないため，A氏の意思が変わるのを待つしかない状況であった。

　親族の協力，訪問回数を強化し対応していた2008（平成20）年，ケアマネジャーに連絡が入る。

　記憶力の低下が進行し，A氏も自身の生活に不安を覚えてきたとのことであり，症状がこれ以上悪化する前にどこかの施設に入所したいとのことであった。そこで，ケアマネジャーが県内の施設を探し，さらに，市役所の高齢福祉担当課もケース会議に交え，老人ホームへの措置入所についての可能性を検討した。福祉事務所も親族だけではなく，生家がある他県の親族にも連絡をつけ，施設入所に対する協力を求めた。また，施設が決定次第，入所手続きや引っ越しなどを行うことも了承して頂き，会議にて報告を行った。

　後日，ケアマネジャー及び高齢福祉担当課職員がA氏宅を訪問し調査のうえ，養護老人ホームへの入所申し込みの検討対象者にA氏を加えることとした。その後，2009（平成21）年4月6日，養護老人ホームへの入所が決まり，同時に生活保護法に基づく支援から老人福祉法による援助への変更がなされ，生活保護廃止となった（事例提供者　○○県××市保健福祉部　社会福祉課/報告R・U）。

〈援助の視点――エンパワメント・ストレングスを考慮した支援の展開〉

　福祉における対人援助について考える際，まずエンパワメント・アプローチとストレングス視点を思い浮かべなければならない。

　前者については，何らかの問題を抱え，たとえ無力な状態にある者であろうと，内的な力を有しているという視点に立ち，その力を引き出し強化することによって，自ら問題解決が図れるように支援をしていくことを，一方，後者においては，利用者の残存能力，潜在力，希望などを積極的に活かし伸ばしていこうとすることを意味する。いずれも，近年社会福祉あるいは相談

援助における目的概念として注目を集めている。

　そこで，本事例におけるＡ氏に対する対応についてみていくこととする。Ａ氏に対しては，体力面の低下に加え記憶力の低下などの認知症状もみられ明らかに自身の生活に不安を覚えてきたという状況下においても，措置による特別養護老人ホームへの入所ではなく，養護老人ホームへの入所を選択している。これは，単に養護老人ホームの入所要件に示される「環境上の理由および経済的理由」だけに着目しているのではなく，本人の意思の尊重やエンパワメント・ストレングスを考慮しての支援であるよう感じられる。小山進次郎の著書である生活保護法に関するバイブルともいうべき『生活保護法の解釈と運用』においても，その人の内在的な可能性を発見して，それを助長育成する，それが自立であり，経済的な自立と狭くとらえるべきではない，と記されている。

　本事例は，上述の内容を加味した支援の典型であるといえる。

〈解　説〉

　クライエントにとって「加齢」「疾病」「障害」は生活の維持を考える際，極めて関係性の深い事項である。そこで，こうしたことが原因で身の回りの管理や生計が成り立たたなくなり，他者の支援を仰ぐというのはよくあるケースではないかと思われる。

　また，本事例のように，「高齢者」の生活に焦点を当てた場合，まずクライエントの直面する生活課題の一つに挙げられる人間関係の縮小・希薄化も考慮し援助，支援していくことも重要なこととなる。いうまでもなく，親族や近隣・地域などとの関係が希薄なために，諸サービスに結びつかず，また結びついたとしても，周囲に対し「申し訳ない」といった気持ちが先行し，自分の意思や意向，状態について表明しないことが往々にしてあるということもおさえておかなければならない。

　こうした中，本事例におけるＡ氏は，生活保護担当者の地道な相談援助活動の甲斐もあり，福祉サービスも利用することとなり，最終的には生活保護

が廃止され養護老人ホームへ入所する結果となった。生活保護法においては，基本原理の一つに「保護の補足性の原理」を挙げられており，その中で，老人福祉法をはじめとした福祉五法，あるいは，年金，医療等の社会保険各法など，他の法律による扶助がこれに優先する旨が示されている。生活保護法が国民生活の最後の砦であることを考えると，生活保護法に基づく支援から老人福祉法による援助へと変更となり生活保護が廃止となったことは，大変意義のあることと考えられる。これにより，スティグマから解放され精神面の安定が図られ，また施設で生活することにより，食事，衛生，生活リズムなどを含めた健康や生活面の維持・管理としてのメリットも生じた。

また，当時の担当部署いわく，生活保護の廃止により，養護老人ホーム入所後のA氏の詳細については把握できていないとのことであるが，「入所者が自立した日常生活を営み，社会的活動に参加するために必要な指導および訓練その他の援助を行う」という養護老人ホームの目的を考慮すると，これまでの日常生活の習慣やスキルを取り戻すという意味においてもA氏に対しては極めて有効な対応・支援であると思われる。

4）障害者事例

〈申請経緯〉

52歳男性，単身未婚者である。銭湯に住み込みで働いていた。職場にて自殺目的で包丁によって切腹。救急病院に搬送され一命を取り留める。躁うつ病とアルコール依存症の治療目的にて，精神科病院に転院。病院のソーシャルワーカー（以下，PSWと称す）の紹介で，姉が生活保護を申請する。

〈申請までの生活〉

7人兄弟の三男末子。中学卒業後，集団就職で上京。町工場の工員として就職するが，長続きせず職を転々とする。30歳より，住み込みで銭湯の焚き場の職人となる。職場では周囲にかわいがられ，まじめに働いていた。52歳の時に躁うつ病と診断され精神科病院にて服薬治療を受けていたが，半年足

らずで治療中断。同時に，この頃より大量飲酒が顕著となる。仕事を休みがちになるなど支障をきたすようになり，職場からは退職を促されていた。関西地方に住む年の離れた70代の姉より，数年に１回程度安否の確認がある以外，他の家族・親族とは疎遠な関係にある。

＜援助の展開＞

　精神科病院のPSWより，電話にて生活保護の新規申請の相談を受ける。「本人に申請の意思はあるが，病状的に相談に行けないため，代わりに姉を相談に行かせたい」との依頼であった。入院までの経緯と，躁うつ病及びアルコール依存症に関する病状について情報提供を受ける。姉と面接後，正式に申請受理。本人との面接を病院にて実施し，支給決定，開始となる。クライエントは，治療が進み，順調に回復へ向かう。病院では，退院後の社会復帰に向けクライエントとPSWとの間で話し合いが始まる。本人は，銭湯の仕事に戻ることを強く希望したが職場からは断られ，入院中に失職する。PSWより，姉が強く希望する救護施設利用の可能性について問い合わせを受け申請方法や利用状況等の情報提供を行う。救護施設の利用を前提に，入所まで，他の精神科病院への転院を提案される。クライエントは，提案に納得がいかず，退院後１人暮らしと復職を強く望んだため，入院中に姉の協力を得てアパートを探す。しかし，全て断られ１人暮らし実現の難しさを実感することとなる。この経験が契機となり，クライエント自ら，退院後の方向性について現実的に検討し始めるようになる。クライエントにとって最善の方向性を話し合うために，クライエント，姉，主治医，病棟看護師，作業療法士，PSW，福祉事務所のケースワーカーによるケース会議を開催。本人の希望を尊重し，実現可能な方向性を協議した結果，一人暮らしで自活できることを目的に，障害者総合支援法による自立生活訓練と就労支援サービスを利用する方向でクライエントが納得する。また，関係スタッフもその目的を達成するために役割分担し支援することを確認し合う。施設利用の手続きは，福祉事務所のケースワーカーが具体的に進め，PSWは，施設に入所で

きるまでの期間，自立生活に向けたリハビリテーションができる他の精神科病院への転院を支援する。クライエントは，約1カ月後転院し，自立生活を目指したデイケア中心のリハビリテーションを受けた後，障害者総合支援法による共同生活援助・共同生活介護施設（グループホーム）へ入所する。入所後，飲酒などの問題行動が見られたため，アルコール依存の自助グループ（断酒会）を利用するように促すなど自立した日常生活に向け施設と連携を取り合いながら支援する。1年後，段ボール回収業の職に就くこととなる。一人暮らしを納得した姉が保証人となりアパートでの一人暮らしが実現。精神科病院で定期的な診療を受けながら，生活保護とヘルパーによる家事援助サービスを活用して，自立に向けた大きな一歩を踏み出した。

〈援助の視点〉

　① **福祉事務所による危機介入支援**　クライエントは，精神科病院への転院を契機に失職し，同時に住まいを失った。退院後の生活に全く目途が立たない危機に直面した。クライエントは，生活を再構築するために十分な時間と支援，安心して過ごせる場所とお金を必要としていた。クライエントの最優先ニーズは，医療サービスを受けることであったが，経済や家族状況などから一人の力で対処することに限界があった。したがって，危機状態から脱出するためには，安心して療養に専念できる環境を早急に整える必要があった。精神科病院のPSWからの依頼に迅速に応答し，医療扶助と生活扶助を速やかに開始したことによって，クライエントを危機から救った。福祉事務所が持つ給付・対人サービス機能による最低生活保障と相談援助・支援活動と連携が有効に働いた実践の成果である。

　② **自己決定を尊重したエンパワメント・アプローチによる自立支援**　クライエントは，入院を契機に仕事，住まい，地域のネットワーク資源を同時に失った。これらの喪失体験は，クライエントの問題解決能力を脆弱化させパワーレスネスな状態に陥れた。精神科病院でのリハビリテーションが終了し，入院治療の必要性がなくなるまでの回復をみせるものの，クライエントは退

院後の生活設計に大きな不安を抱えていた。そのようなクライエントに対し，精神科病院の主治医は1人暮らしは困難と判断し施設入所を勧めた。しかし，クライエントは，一貫して退院直後からの一人暮らしを強く望んだ。ケースワーカーは，長年，自立した生活を営んできたクライエントの生活歴に着目し，ここに，クライエントの潜在的な問題解決能力を見出し，クライエントの希望を尊重した。PSWと連携しながら，クライエントの自己決定を尊重した自立支援を行った。クライエントが自己決定したアパートの契約は，すべて拒否され実現できなかったが，社会から突き付けられた現実を共感しクライエントとともに受け止め，信頼関係をさらに深めながら，クライエントのペースで新たな生活設計ができるよう，その過程を共有し支援した。その結果，クライエントはグループホームで生活援助を受けながら再就職と一人暮らしの実現に向けたリハビリテーションと支援を受けることを自己決定することができた。

〈解　説〉

　精神障害者は，長年，治安維持の対象として社会から隔離され，サービスの対象外となり，排除されやすい社会生活を強いられてきた。1993（平成5）年の障害者基本法制定後，精神障害は，身体障害，知的障害と並び初めて福祉サービスの対象となった。しかしながら，全国で約34万人に上る精神科病院への入院・入所数は世界に類を見ず，入院医療偏重の状況が長らく続いている。しかも，そのうち，積極的な入院治療の必要がないにもかかわらず地域や家族の受け皿等の問題により入院を余儀なくされている「受け入れ条件が整えば退院可能な入院患者（いわゆる「社会的入院者」）」は7万人を超す。社会的入院の解消を目的とした退院支援は自立支援そのものであり，ソーシャルワーカーにとって最大の実践課題となっている。疾病と障害の併存という特性を持つ精神障害者の自立支援は，障害者本人の権利擁護に根ざしたエンパワメントを目指す対人サービスを提供すると同時に，精神障害者を受け入れる地域を耕すためのアドミニストレーション機能を発揮することが必要

不可欠である。また，医療と福祉の双方のサービスを必要とすることから，それらの根拠規定となる精神保健福祉法と障害者総合支援法を熟知することが対人援助を実践する上で必要な知識として求められる。

参考文献
岩田正美他編（2003）『社会福祉の原理と思想』有斐閣。
宇山勝儀・船水浩行編著（2010）『社会福祉行政論』ミネルヴァ書房。
新保美香（2010）「生活保護「自立支援プログラム」の検証——5年間の取り組みを振り返る」『社会福祉研究』第109号，鉄道弘済会。
田中英樹（2010）「精神障害者支援の新パラダイム　精神障害者を支える実践と権利擁護」『社会福祉研究』第109号，鉄道弘済会。
中央法規出版編集部（2014）『改正生活保護法・生活困窮者自立支援法のポイント——新セーフティネットの構築』中央法規出版。

第11章

福祉事務所をめぐる最近の政策動向等と課題

1　福祉事務所をめぐる最近の政策動向等

1）地方分権の推進と設置等に係る規制緩和

　「地方分権の推進を図るための関係法律の整備等に関する法律」(平成11年法律87号，以下「地方分権一括法」)の制定に伴う社会福祉事業法（現　社会福祉法）改正により，①「おおむね人口10万人に1」という「福祉地区」を設定して，そこに福祉事務所を設置という規定が撤廃され，②現業員定数に係る規定は「基準」から「標準」に改められ，③査察指導員と現業員の職務専従規定は，その原則は維持されたが，但書で「その職務の遂行に支障がない場合に，これらの所員が他の社会福祉又は保健医療に関する事務を行うことを妨げない。」とされた。

　また，地方自治体の事務は，機関委任事務と団体委任事務から，法定受託事務と自治事務に再編された。

2）社会福祉基礎構造改革等の具現化

　「老人福祉法等の一部を改正する法律」(平成2年法律58号)と「社会福祉の増進のための社会福祉事業法等の一部を改正する等の法律」(平成12年法律111号)により，郡部三法事務所，市部六法事務所（2003〔平成15〕年4月から）となった。

　また，介護保険法（平成9年法律123号）と「社会福祉の増進のための社会福祉事業法等の一部を改正する等の法律」(平成12年法律111号)により，高齢者等に対する介護サービス，障害者（児）に対する福祉サービスの多くが，原則的として利用者が各自の責任のもとに利用したいサービスを選択し，契約により利用する制度となった。この結果，行政の役割は，利用の支援と契

約による利用が期待できない場合の措置の二つとなった。

3) 生活保護受給層の拡大傾向の継続と問題の多様化等

図11-1のとおり、ここ数年の景気動向、雇用情勢等により、被保護層の拡大傾向はほぼ一貫して継続し、被保護者数は210万人、被保護世帯数は160万世帯を上回り、いずれも過去最高数値を更新し続けている。

受給層の特徴としては、①全世帯ではおおむね4分の1の単身世帯が、被保護世帯では、おおむね4分の3を占め（表11-1）、②高齢層や傷病・障害者が受給層の中心で（表11-2・3）、したがって③非稼働世帯が大半を占めるという傾向がある（表11-4）。このような状況からか、生活保護受給者の自殺率は高い状況で推移している（表11-5）。

一方で、数年前までの傾向として、稼働力のある者を一定数含む「その他の世帯」の顕著な増加傾向も見受けられた（表11-3）（202頁に続く）。

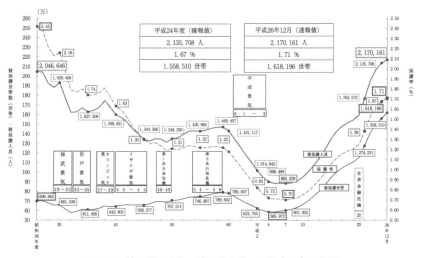

図11-1　被保護世帯数，被保護人員，保護率の年次推移

資料：被保護者調査より厚生労働省社会・援護局保護課にて作成（平成24年3月以前の数値は福祉行政報告例）。
出所：「社会・援護局関係主管課長会議資料」（平成27年3月9日）社会・援護局保護課。

表 11-1 被保護世帯と一般世帯の世帯人員別世帯数の年次推移

			総数	1人	2人	3人	4人	5人	6人以上	平均世帯人員
被保護世帯	実数	(年)	(世帯)	(世帯)	(世帯)	(世帯)	(世帯)	(世帯)	(世帯)	(人)
		昭和35	575,063	202,089	84,149	74,986	74,183	61,332	78,324	3.00
		45	629,155	314,561	131,010	74,624	54,588	30,854	23,518	2.11
		55	721,673	401,701	146,670	80,501	52,078	23,764	16,959	1.91
		平成2	614,626	397,793	118,693	54,487	27,171	10,288	6,194	1.63
		12	724,561	532,875	121,754	40,828	18,741	6,709	3,654	1.42
		22	1,361,149	1,029,052	217,082	69,979	28,912	10,393	5,731	1.38
		23	1,469,290	1,112,382	234,096	74,886	30,763	10,974	6,189	1.38
		24	1,526,015	1,160,365	241,978	75,835	30,620	11,001	6,216	1.37
	構成割合	(年)	(%)	(%)	(%)	(%)	(%)	(%)	(%)	
		昭和35	100.0	35.1	14.6	13.0	12.9	10.7	13.6	-
		45	100.0	50.0	20.8	11.9	8.7	4.9	3.7	-
		55	100.0	55.7	20.3	11.2	7.2	3.3	2.4	-
		平成2	100.0	64.7	19.3	8.9	4.4	1.7	1.0	-
		12	100.0	73.5	16.8	5.6	2.6	0.9	0.5	-
		22	100.0	75.6	16.0	5.1	2.1	0.8	0.4	-
		23	100.0	75.7	15.9	5.1	2.1	0.8	0.4	-
		24	100.0	76.0	15.9	5.0	2.0	0.7	0.4	-
全世帯	実数	(年)	(千世帯)	(千世帯)	(千世帯)	(千世帯)	(千世帯)	(千世帯)	(千世帯)	(人)
		昭和35	22,476	3,894	2,309	2,991	3,667	3,492	6,122	4.13
		45	29,887	5,542	4,318	5,180	7,004	3,947	3,897	3.45
		55	35,338	6,402	5,983	6,274	9,132	4,280	3,268	3.28
		平成2	40,273	8,446	8,542	7,334	8,834	4,228	2,889	3.05
		12	45,545	10,988	11,968	8,767	8,211	3,266	2,345	2.76
		22	48,638	12,386	14,237	10,016	7,476	2,907	1,616	2.59
		23	46,684	11,787	13,959	9,292	7,422	2,680	1,544	2.58
		24	48,170	12,160	14,502	9,610	7,580	2,828	1,490	2.57
	構成割合	(年)	(%)	(%)	(%)	(%)	(%)	(%)	(%)	(人)
		昭和35	100.0	17.3	10.3	13.3	16.3	15.5	27.2	-
		45	100.0	18.5	14.4	17.3	23.4	13.2	13.0	-
		55	100.0	18.1	16.9	17.8	25.8	12.1	9.2	-
		平成2	100.0	21.0	21.2	18.2	21.9	10.5	7.2	-
		12	100.0	24.1	26.3	19.2	18.0	7.2	5.1	-
		22	100.0	25.5	29.3	20.6	15.4	6.0	3.3	-
		23	100.0	25.2	29.9	19.9	15.9	5.7	3.3	-
		24	100.0	25.2	30.1	20.0	15.7	5.9	3.1	-

注：平成7年の全世帯の実数は兵庫県を除いたものである。
資料：被保護者調査 各年7月31日現在（平成22年以前は7月1日現在），国民生活基礎調査（昭和60年以前は厚生行政基礎調査）。
出所：「社会・援護局関係主管課長会議資料」（平成27年3月9日）社会・援護局保護課を基に筆者作成。

第11章 福祉事務所をめぐる最近の政策動向等と課題

表11-2 年齢階層別被保護人員の年次推移

	0〜19歳	20〜29歳	30〜39歳	40〜49歳	50〜59歳	60〜69歳	70歳以上	計
(年)								
平成元	278,569	28,398	82,053	148,034	179,030	171,274	195,767	1,083,125
5	168,649	21,700	46,129	110,187	152,299	167,515	191,301	857,780
10	151,323	24,936	49,107	97,449	156,507	203,833	225,063	908,218
15	219,265	34,888	84,072	105,139	218,846	293,555	335,447	1,291,212
20	238,308	36,646	100,431	130,228	227,426	342,318	462,536	1,537,893
21	254,767	43,064	112,174	153,005	241,623	378,662	490,356	1,673,651
22	286,456	53,557	128,834	186,307	266,145	430,494	526,932	1,878,725
23	304,879	61,113	136,095	212,031	275,475	465,950	568,546	2,024,089
24	306,474	63,259	134,122	224,246	273,191	478,678	610,465	2,090,435
構成割合	14.7%	3.0%	6.4%	10.7%	13.1%	22.9%	29.2%	100.0%

資料:被保護者調査 各年7月31日現在(平成22年以前は7月1日現在)。
出所:表11-1と同じ。

表11-3 世帯類型別被保護世帯数の年次推移

年度	世帯類型別被保護世帯数						世帯類型別指数(平成7年度=100)						世帯類型別構成割合					
	総数	高齢者世帯	母子世帯	障害者世帯	疾病者世帯	その他の世帯	総数	高齢者世帯	母子世帯	障害者世帯	疾病者世帯	その他の世帯	総数	高齢者世帯	母子世帯	障害者世帯	疾病者世帯	その他の世帯
	(世帯)	(世帯)	(世帯)	(世帯)	(世帯)	(世帯)	(%)	(%)	(%)	(%)	(%)	(%)	(%)	(%)	(%)	(%)	(%)	(%)
平成7	600,980	254,292	52,373		252,688		41,627	100.0	100.0	100.0		100.0		100.0	100.0	42.3	8.7	42.0	6.9
12	750,181	341,196	63,128	76,484	214,136	55,240	124.8	134.2	120.5	30.3	84.7	132.7	100.0	45.5	8.4	10.2	28.5	7.4
17	1,039,570	451,962	90,531	117,271	272,547	107,259	173.0	177.7	172.9	46.4	107.9	257.7	100.0	43.5	8.7	11.3	26.2	10.3
22	1,405,281	803,540	108,794	157,350	308,150	227,407	233.8	237.3	207.7	62.3	121.9	546.3	100.0	42.7	7.7	11.2	21.9	18.2
23	1,492,396	636,469	113,323	169,488	319,376	253,740	248.3	250.3	216.4	67.1	128.4	609.8	100.0	42.6	7.8	11.4	21.4	17.0
24	1,551,707	677,577	114,122	177,468	297,458	284,902	258.2	266.5	217.9	70.3	117.7	684.4	100.0	43.7	7.4	11.4	19.2	18.4
平成26年12月(速報値)	1,809,569	764,883	109,250	188,143	288,247	279,536	267.9	300.7	208.6	74.5	106.2	671.5	100.0	47.5	6.8	11.7	16.7	17.4

注:1) 保護停止中の世帯を除く。
　　2) 平成17年4月より世帯類型の定義を一部変更
　　　「高齢社世帯」:男女とも65歳以上(平成17年3月以前は,男65歳以上,女60歳以上)の者のみで
　　　　　　　　　構成されている世帯か,これらに18歳未満の者が加わった世帯
　　　「母子世帯」 :死別,離別,生死不明及び未婚等により,現に配偶者がいない65歳未満(平成17
　　　　　　　　　年3月以前は,18歳以上60歳未満)の女子と16歳未満のその子(養子を含む。)
　　　　　　　　　のみで構成されている世帯。
資料:被保護者調査〔平成26年12月分は速報値(平成23年度以前は福祉行政報告例)〕。
出所:表11-1と同じ。

表 11-4 世帯の労働力類型別被保護世帯数の年次推移

	実数									構成割合		
	総数	稼働世帯							非稼働世帯	総数	稼働世帯	非稼働世帯
		総数	世帯主が働いている世帯					世帯主は働いていないが世帯員が働いている世帯	働いている者のいない世帯			
			総数	常用	日雇	内職	その他					
	(世帯)	(世帯)	(世帯)	(世帯)	(世帯)	(世帯)	(世帯)	(世帯)	(世帯)	(%)	(%)	(%)
平成7年度	600,980	81,604	63,705	37,546	8,788	7,076	10,294	17,899	519,376	100.0	13.6	86.4
12	750,181	89,660	71,151	45,552	9,318	6,360	9,921	18,509	660,522	100.0	12.0	88.0
17	1,039,570	130,544	105,505	71,493	15,302	6,526	12,184	25,039	909,026	100.0	12.6	87.4
22	1,405,281	186,748	152,427	106,684	22,996	7,553	15,194	34,321	1,218,533	100.0	13.3	86.7
23	1,492,396	203,916	167,279	118,498	24,037	7,720	17,025	36,636	1,288,480	100.0	13.7	86.3
24	1,551,707	224,934	185,869	132,651	26,456	8,214	18,548	39,064	1,326,773	100.0	14.5	85.5
平成26年12月(速報値)	1,609,869	256,196	214,932	157,003	28,931	9,308	19,690	41,264	1,353,673	100.0	15.9	84.1

注：保護停止中の世帯を除く。
資料：被保護者調査〔平成26年12月は速報値（平成23年以前は福祉行政報告例）〕
出所：表11-1と同じ。

表 11-5 生活保護受給者の自殺者数

	生活保護受給者		(参考)全国	
	自殺者数(人)	自殺率(生活保護受給者10万対)	自殺者数(人)	自殺率(人口10万対)
平成21年	1,045	62.4	32,845	25.8
22	1,047	55.7	31,690	24.7
23	1,187	58.6	30,651	24.0
24	1,227	58.7	27,858	21.8
25	1,225	57.6	27,283	21.4

注：自殺率は、人口（又は生活保護受給者）10万人あたりの自殺者数を示す。
資料：自殺者の概要資料（警察庁），厚生労働省保護課調べ。
　　　（平成25年における生活保護受給者の自殺率の計算には，被保護者調査（年次）の暫定集計を用いた）
出所：表11-1と同じ。

第11章　福祉事務所をめぐる最近の政策動向等と課題

表 11-6　都道府県・指定都市・中核市別保護率（平成24年度）

全　　国	1.67%	名古屋市	2.12	秋　田　県	1.39	島　根　県	0.86
大　阪　市	5.71	青　森　県	2.05	新　潟　市	1.39	熊　本　県	0.86
函　館　市	4.68	宮　崎　市	2.03	宮　崎　県	1.32	香　川　県	0.85
東大阪市	4.19	高　知　県	2.02	いわき市	1.32	栃　木　県	0.84
尼　崎　市	3.98	久留米市	1.96	横須賀市	1.29	高　崎　市	0.80
旭　川　市	3.93	徳　島　県	1.93	京　都　府	1.27	宮　城　県	0.78
高　知　市	3.82	千　葉　市	1.89	鳥　取　県	1.25	福　島　県	0.76
札　幌　市	3.76	横　浜　市	1.88	川　越　市	1.24	岡　山　県	0.76
京　都　市	3.22	岡　山　市	1.87	奈　良　県	1.22	長　野　市	0.76
神　戸　市	3.18	大　分　市	1.85	埼　玉　県	1.21	山　梨　県	0.72
長　崎　市	3.10	盛　岡　市	1.80	神奈川県	1.20	豊　橋　市	0.67
堺　　市	3.04	長　崎　県	1.77	静　岡　市	1.17	滋　賀　県	0.66
青　森　市	2.93	相模原市	1.76	大　津　市	1.16	山　形　県	0.63
福　岡　市	2.86	福　山　市	1.72	千　葉　県	1.10	静　岡　県	0.59
豊　中　市	2.58	秋　田　市	1.69	山　口　県	1.09	豊　田　市	0.59
鹿児島市	2.57	大　分　県	1.66	広　島　県	1.08	新　潟　市	0.58
福　岡　県	2.56	高　槻　市	1.66	前　橋　市	1.08	愛　知　県	0.58
北九州市	2.49	下　関　市	1.66	愛　媛　県	1.05	岡　崎　市	0.58
北　海　道	2.48	西　宮　市	1.65	和歌山県	1.00	群　馬　県	0.55
松　山　市	2.43	宇都宮市	1.63	三　重　県	0.97	福　井　県	0.48
広　島　市	2.36	姫　路　市	1.62	柏　　市	0.96	長　野　県	0.48
和歌山市	2.34	高　松　市	1.60	郡　山　市	0.95	石　川　県	0.47
沖　縄　県	2.32	仙　台　市	1.59	岩　手　県	0.93	富　山　市	0.42
川　崎　市	2.25	鹿児島県	1.58	佐　賀　県	0.93	岐　阜　県	0.32
東　京　都	2.17	さいたま市	1.57	浜　松　市	0.93	富　山　県	0.27
奈　良　市	2.17	岐　阜　市	1.56	兵　庫　県	0.90		
熊　本　市	2.16	倉　敷　市	1.50	茨　城　県	0.87		
大　阪　府	2.14	船　橋　市	1.40	金　沢　市	0.87		

注：(1)都道府県データは，指定都市及び中核市分を除く。
　　(2)保護率の大きい順である。
資料：平成24年度被保護者調査（月次調査）。
出所：表11-1と同じ。

また，表11-6のとおり，生活保護の受給動向には，大きな地域格差が見られる。

4）生活保護の不正受給等の存在

生活保護を巡っては，前述の状況とともに，全体の数％でしかないのに，制度や受給者全般に対するバッシングにつながりかねない不正受給も増加傾向を示している。また，会計検査院の決算検査において把握される過大支給等による不当経理も毎年度指摘されている（表11-7・8）。

一方で，2012（平成24）年1月20日，札幌市白石区において，「餓死」「孤立死」した40代の姉妹が発見された事件（姉が3回にわたって福祉事務所に生活保護の相談に訪れているにもかかわらず，生活保護の受給に至らず死亡）に代表されるような事案もしばしば発生している。

このような状況に対し，厚生労働省は，「生活保護の適正実施の推進について」（昭和56年11月17日）に加え，「生活保護行政を適正に運営するための手引」（平成18年3月30日）を通知し，漏給防止対策・濫給防止対策の取り組みを強化した。

また，「現業員等による生活保護費の詐取等の不正防止等について」（平成21年3月9日）を通知し，現業員等による生活保護費の詐取等不正防止対策を強化してきたところであるが，「しかしながら，現業員等による不正事案が引き続き発生していることを踏まえ，…（中略）…不正等の防止に対して適切な対応を図られたい。」（社会・援護局保護課「社会・援護局関係主管課長会議資料」，平成27年3月9日）としているように，現業員等による生活保護費の詐取等の問題は依然として一定数発生している。

第11章 福祉事務所をめぐる最近の政策動向等と課題

表11-7 事務監査による不正受給の状況

年度	件数	不正受給額
1982	813	約8億円（1件あたり約98万3,000円）
1995	2,513	約21億9,000万円（約87万1,000円）
2000	5,617	約39億7,000万円（約70万7,000円）
2002	8,204	約53億6,000万円（約65万3,000円）
2004	10,911	約62億円（約56万8,000円）
2005	12,535	約70億円（約57万4,000円）
2006	14,669	約90億円（約61万2,000円）
2007	15,979	約92億円（約57万1,000円）
2008	18,623	約106億円（約57万円）
2009	19,726	約102億円（約51万8,000円）
2010	25,355	約129億円（約50万8,000円）
2011	35,568	約173億円（約48万7,000円）
2012	41,909	約195億円（約45万5,000円）
2013	43,230	約187億円（約43万2,000円）

注：不正受給額の括弧内は同様の数値。
出所：各年の「社会・援護局関係主管課長会議資料」または「監査実施結果報告」より筆者作成。

表11-8 生活保護に係る不正経理の状況

年度	事業主体数	不当と認める国庫負担金額
2002	12	不当と認める国庫負担対象事業費約8,500万円，不当と認める国庫負担金約6,500万円
2003	8	不当と認める国庫負担対象事業費約6,000万円，不当と認める国庫負担金約4,500万円
2004	12	不当と認める国庫負担対象事業費約1億円，不当と認める国庫負担金約7,800万円
2005	14	不当と認める国庫負担対象事業費約9,200万円，不当と認める国庫負担金約6,900万円
2006	10	不当と認める国庫負担対象事業費約5,000万円，不当と認める国庫負担金約3,700万円
2007	14	不当と認める国庫負担対象事業費約1億2,959万円，不当と認める国庫負担金約9,719万円
2008	67	不当と認める国庫負担対象事業費約10億3,466万円，不当と認める国庫負担金約7,760万円
2009	9	不当と認める国庫負担対象事業費約8,648万円，不当と認める国庫負担金約6,486万円
2010	7	不当と認める国庫負担対象事業費約2億226万円，不当と認める国庫負担金約3,986万円
2011	13	不当と認める国庫負担対象事業費約6,264万円，不当と認める国庫負担金約4,698万円
2012	11	不当と認める国庫負担対象事業費約3,714万円，不当と認める国庫負担金約2,785万円

出所：各年度の会計検査院「決算検査報告」より筆者作成。

5）自立支援プログラムの導入等による多様な自立支援

前述の3）等の現状を踏まえつつ，厚生労働省は，2003（平成15）年8月から翌年12月にかけて，生活保護制度全般のあり方について検討を行った「社会保障審議会福祉部会生活保護制度の在り方に関する専門委員会」の2004（平成16）年12月の委員会報告書での「自立支援プログラム」導入の提案を受け入れ，実施した（表11-9〜11）ことをはじめ，多様な自立支援を展開することとなった（表11-12）。（210頁に続く）

表11-9　社会保障審議会生活保護制度の在り方に関する専門委員会報告書
（平成16年12月15日）（抄）（下線筆者）

第1　生活保護制度の見直しの方向性について
1は略
2　近年の生活保護の動向
（1）　保護率の上昇と被保護世帯の特性の変化
　平成7年度以降，保護率は急激に上昇し，平成15年度には保護率が10.5‰となって，第2次石油危機時（昭和54〜58年）の水準に近づいている。また，被保護世帯数は過去最高の94万1,270世帯に達している。ただし，世帯数の急増は単身世帯の急増の影響が大きいことに留意する必要がある。
　世帯類型別では，高齢化の影響により高齢者世帯，特に高齢単身世帯が増加しているほか，母子世帯や障害や傷病のないその他世帯も増加している。
（2）　被保護世帯の抱える問題の多様化等
　今日の被保護世帯は，傷病・障害，精神疾患等による社会的入院，DV，虐待，多重債務，元ホームレスなど多様な問題を抱えており，また相談に乗ってくれる人がいないなど社会的なきずなが希薄な状態にある。さらに，被保護者には，稼働能力があっても，就労経験が乏しく，不安定な職業経験しかない場合が少なくない。これが就労への不安を生じさせ，また雇用の機会を狭めるなど，就労に当たっての一つの障害となっている。
　また，高齢者，傷病障害者世帯以外の世帯であっても保護受給期間が10年を超える世帯が10％を超え，受給期間が長くなるほど保護廃止率が低下するなど，保護受給期間が長期にわたり，自立が困難となっている世帯が少なくない。
　他方，地方自治体における生活保護担当職員（※）の不足数が近年大幅に増加している。査察指導員のうち現業員経験がない者が4分の1以上を占めるなど，職員の量的確保や質的充足の面において，地方自治体の実施体制上の問題も見られる。
　　※　現業員（被保護世帯への各種調査や自立支援等を行う職員）及び査察指導員（現業員を指導監督する立場の職員）をいう。
　このような状況の中，(1)現在の生活保護の制度や運用の在り方で生活困窮者を十分支えられているか，(2)経済的な給付だけでは被保護世帯の抱える様々な問題への対応に限界があるのではないか，(3)自立・就労を支援し，保護の長期化を防ぐための取組が十分であるか，(4)組織的

第11章　福祉事務所をめぐる最近の政策動向等と課題

対応を標榜しつつも，結果的に担当職員個人の努力や経験等に依存しやすくなっている実施体制に困難があるのではないか，という現在の生活保護制度の問題点が浮き彫りとなってきている。

3　制度見直しの基本的視点

　生活保護制度の見直しに際しては，上に述べた制度見直しの背景及び近年の生活保護の動向を十分踏まえた上で，大きく変貌しつつある今日の国民生活に適合した制度の在り方を検討することが必要である。

　その際，本委員会は，「利用しやすく自立しやすい制度へ」という方向の下に検討を進めてきた。すなわち，生活保護制度の在り方を，国民の生活困窮の実態を受けとめ，その最低生活保障を行うだけでなく，生活困窮者の自立・就労を支援する観点から見直すこと，つまり，被保護世帯が安定した生活を再建し，地域社会への参加や労働市場への「再挑戦」を可能とするための「バネ」としての働きを持たせることが特に重要であるという視点である。この結果，被保護者は，自立・就労支援施策を活用することにより，生活保護法で定める「能力に応じて勤労に励み，支出の節約を図り，その他生活の維持，向上に努める義務」を果たし，労働市場への積極的な再参加を目指すとともに，地域社会の一員として自立した生活を送ることが可能になる。なお，ここで言う「自立支援」とは，社会福祉法の基本理念にある「利用者が心身共に健やかに育成され，又はその有する能力に応じ自立した日常生活を営むことができるように支援するもの」を意味し，就労による経済的自立のための支援（就労自立支援）のみならず，それぞれの被保護者の能力やその抱える問題等に応じ，身体や精神の健康を回復・維持し，自分で自分の健康・生活管理を行うなど日常生活において自立した生活を送るための支援（日常生活自立支援）や，社会的なつながりを回復・維持するなど社会生活における自立の支援（社会生活自立支援）をも含むものである。

　他方，生活保護制度の「最後のセーフティネット」としての独自の役割は，自らの能力・資産の活用及び他法他施策を優先してもなお最低生活を維持できない者に対して保護を適用するという生活保護法上の「補足性の原理」と表裏一体である。また，生活保護は，日常生活のほか，住宅や医療等の各分野を一体的に最低生活として保障する制度である。このことから，保護の適用前や保護からの脱却直後の低所得者が，個別の分野の支援を必要とする場合については，他の低所得者施策の充実強化に依るべきところが大きいと考える。

第3　生活保護の制度・運用の在り方と自立支援について

1　自立支援の在り方について

(1)　自立支援プログラムの導入

　ア　自立支援プログラム

　生活保護制度を「最後のセーフティネット」として適切なものとするためには，(1)被保護世帯が抱える様々な問題に的確に対処し，これを解決するための「多様な対応」，(2)保護の長期化を防ぎ，被保護世帯の自立を容易にするための「早期の対応」，(3)担当職員個人の経験や努力に依存せず，効率的で一貫した組織的取組を推進するための「システム的な対応」の3点を可能とし，経済的給付に加えて効果的な自立・就労支援策を実施する制度とすることが必要であると考えられる。

　このためには，被保護世帯と直接接している地方自治体が，被保護世帯の現状や地域の社会資源を踏まえ，自主性・独自性を生かして自立・就労支援のために活用すべき「自立支援プログラム」を策定し，これに基づいた支援を実施することとすべきである。

表11-10 「平成17年度における自立支援プログラムの基本方針について」
(平成17年3月31日　社援発第0331003号)(抄)(下線筆者)

　経済的給付を中心とする現在の生活保護制度から，<u>実施機関が組織的に被保護世帯の自立を支援する制度に転換することを目的として，自立支援プログラムの導入を推進していくこと</u>としたものである。
　実施機関が管内の被保護世帯全体の状況を把握した上で，被保護者の状況や自立阻害要因について類型化を図り，それぞれの類型ごとに取り組むべき自立支援の具体的内容及び実施手順等を定め，これに基づき個々の被保護者に必要な支援を組織的に実施するものである。
　個々の担当職員の努力により培われた経験や他の実施機関での取組の事例等を具体的な自立支援の内容や手順等に反映させていくことにより，こうした経験等を組織全体として共有することが可能となり，自立支援の組織的対応や効率化につながるものと考えられる。
　全ての被保護者は，自立に向けて克服すべき何らかの課題を抱えているものと考えられ，またこうした課題も多様なものと考えられる。このため，<u>自立支援プログラムは，就労による経済的自立のためのプログラムのみならず，身体や精神の健康を回復・維持し，自分で自分の健康・生活管理を行うなど日常生活において自立した生活を送ること，及び社会的なつながりを回復・維持し，地域社会の一員として充実した生活を送ることを目指すプログラムを幅広く用意し</u>，被保護者の抱える多様な課題に対応できるようにする必要がある。

表11-11 「自立支援プログラム導入のための手引(案)について」
(平成17年3月31日事務連絡)による**プログラム例**(下線筆者)

・経済自立分野(4プログラム例)
　①就労支援事業活用プログラム，②福祉事務所における就労支援プログラム，③若年者就労支援プログラム，④精神障害者就労支援プログラム
・社会生活自立分野(1プログラム例)
　社会参加活動プログラム
・日常生活自立分野(6プログラム例)
　①日常生活意欲向上プログラム，②高齢者健康維持・向上プログラム，③生活習慣病患者健康管理プログラム，④精神障害者退院促進支援事業活用プログラム，⑤元ホームレス等居宅生活支援プログラム，⑥多重債務者等対策プログラム

表11-12 「社会・援護局関係主管課長会議資料」(平成27年3月9日)
社会・援護局保護課における「就労・自立支援の充実について」で提示の項目とその内容(下線筆者)

(1) 被保護者就労支援事業の創設について(法改正事項)
　被保護者就労支援事業は，これまで予算事業として実施してきた就労支援事業について，その重要性に鑑み，法律上明確に位置づけ，生活困窮者自立支援法(以下「新法」という。)に基づく自立相談支援事業の就労支援に相当する支援が行えるよう制度化したものであり，平成27年4月から実施することとしている。
　本事業においては，現行の就労支援員による就労支援の状況等を踏まえ，①就労に向けた個

別支援(就労に関する相談・助言,履歴書の書き方,面接の受け方等の支援,個別の求人開拓や定着支援等),②稼働能力判定会議等の開催(稼働能力や適正職種の検討,就労支援プログラムの選定等に当たり,複数の専門的知識のある者で構成する稼働能力判定会議等を開催)に加え新たに,③就労支援の連携体制の構築(地域における被保護者の就労支援体制に関する課題の共有や関係機関の連携強化,個別求人開拓等を円滑に進めるため,ハローワーク等の行政機関,社会福祉法人等関係団体や企業が参画する就労支援の連携体制を構築)をしていただくこととしている。特に,高齢者に至る手前の40~50歳代の生活保護受給者については,年齢等によって就労につながりにくい状況にあることから,地域における就労支援の連携体制の構築を通じて就労の場の開拓等をお願いしたい。

　なお,本事業を実施するに当たっては,自立支援プログラムに位置付けた上で,就労支援プログラムを策定していただくこととしていることから,平成27年4月からの円滑な施行に向け,準備いただくようお願いしたい。

　また,対象者が就労により生活保護受給者でなくなった場合については,生活困窮者自立支援制度と十分な連携を図り支援にあたっていただくようお願いしたい。本事業については,別途運用に関しての通知を発出予定であるのでご了知願いたい。

(2)被保護者就労準備支援事業の創設について
　就労意欲が低い者や基本的な生活習慣に課題を有する者など就労に向けた課題をより多く抱える生活保護受給者に対し,就労意欲の喚起や一般就労に向けて日常生活習慣の改善を計画的かつ一貫して行う事業として,平成27年4月より被保護者就労準備支援事業を実施することとしている。

　本事業は,これまで予算事業で実施してきた「就労意欲喚起等支援事業」,「日常・社会生活及び就労自立総合支援事業」,「社会的な居場所づくり支援事業(被保護者就労準備支援事業に相当する就労体験,中間的就労,職場適応訓練など)」及び「居宅生活移行支援事業」を再編し,新法に基づく,就労準備支援事業と同等の支援を生活保護受給者にも実施できるよう予算事業として実施するものである。

　生活困窮者が支援の途中で生活保護に至る場合もあることや,対象者の安定的な確保,事業の効率的運営の観点から,本事業の実施に当たっては,地域の実情に応じて新法に基づく就労準備支援事業との一体実施に努められたい。

　本事業を実施するに当たっては,自立支援プログラムに位置付けた上で,就労支援プログラムを策定していただくこととしていることから,平成27年4月からの円滑な施行に向け,準備いただくようお願いしたい。

　なお,別途運用に関しての通知を発出予定であるのでご了知願いたい。

(3)就労支援の取組の検証等について
　就労支援を効率的・効果的に実施するためには,定期的に就労支援プログラムの実施状況や目標の達成状況を評価,検証し,事業を的確に見直していくことが重要である。

　また,平成26年8月に総務省が実施した「生活保護に関する実態調査」において,就労支援事業について,福祉事務所等によって事業効果の検証内容に差異があるなど,事業の改善に資する的確な事業効果の検証が困難な状況になっていると指摘を受けたところである。そのため,平成27年度より,被保護者就労支援事業が必須事業化されることなどに伴い,その取組が効果的に実施されるよう,各地方自治体において就労支援に関する計画を策定いただくほか,就労・増収率の達成率が高いなど効果的な取組を行っている地方自治体に対しては,「就労支援等の状況調査」を踏まえて,生活保護適正実施推進事業のうち関係職員等研修啓発事業(補助

率1/2）について，補助率を引き上げる予定としている。
　なお，地方自治体における被保護者就労支援事業等の的確な見直し及び改善を図る観点から，就労支援に関する計画策定への対応とあわせて事業効果を検証するための指標の内容，事業効果の検証，検証結果に基づく見直しの手順・方法等の目安について，別途通知の発出を予定しているのでご了知願いたい。
（４）生活保護受給者等就労自立促進事業について
　生活保護受給者等就労自立促進事業は，生活保護受給者，児童扶養手当受給者，住宅支援給付受給者のみならず，生活保護の相談・申請段階の者等，広く生活困窮者を対象として，ハローワークと地方自治体の協定等に基づき，両者によるチーム支援方式により，支援対象者の就労による自立を促進するものである。
　本事業では，地方自治体へのハローワーク常設窓口（以下「常設窓口」という。）の設置や巡回相談等の実施によるワンストップ型の支援体制を全国的に整備しており，支援対象者の多い政令市，中核市の福祉事務所を中心に，平成26年度中に常設窓口を150箇所設置することとしている。さらに，27年度は，常設窓口を増設するほか，新法に基づき設置される自立相談支援機関との連携も図っていく等，両機関が一体となった就労支援を推進するものである。
　既に常設窓口を設置している地方自治体におかれては，「生活福祉・就労支援協議会」（以下「協議会」という。）等で設定した目標が達成されるなど，連携効果が十分発揮されるよう，窓口を有効活用していただくとともに，今後，常設窓口を設置する地方自治体におかれては，窓口の開設に向けて，引き続き都道府県労働局と調整しつつ，準備を進めていただきたい。各地方自治体におかれては，この常設窓口も含めハローワークへの支援候補者の積極的な送り出しをお願いしたい。
　なお，当該事業については，前述の総務省が実施した「生活保護に関する実態調査」の結果に基づき，総務大臣より，事業の実績が低調な福祉事務所について，ハローワークと十分な連携が図られていない場合には，協議会の活用等により連携を確保するよう勧告を受けたところである。
　ハローワークとの連携については，「就労支援の実施におけるハローワークとの連携等について」（平成26年６月30日厚生労働省社会・援護局保護課長事務連絡）も踏まえ実施いただいているところであるが，地域の雇用情勢を的確に把握し，効率的かつ効果的に就労支援を行うため，福祉事務所においては，定期的に対面で打合せをするなどハローワークと日頃から「顔の見える関係」を構築し，①日常的な雇用情勢等（地域の求職者の動向，産業別の求人状況等）の情報共有，②協議会で設定した目標達成に向けた支援対象者の範囲や選定等のハローワークへの送り出しについての認識の共有，③支援対象者への支援に当たって必要となる情報提供等に努めることなど，生活保護受給者の就労促進に向けて一層の連携を進めていただくようお願いする。
（５）早期の集中的な自立支援について
　働くことのできる方については，その能力を活用していただき，就労できるように積極的に支援し，就労によって保護から脱却していただくことが重要である。平成26年７月には，脱却後に生じる税等の負担増を緩和し，保護脱却のインセンティブとするとともに，安定的に就労して生活を維持し，再度生活保護に至ることなく着実に自立していただくことを目的とした就労自立給付金（以下「給付金」という。）が施行されたところである。
　福祉事務所におかれては，就労支援の対象者である生活保護受給者を中心に，給付金の支給が受けられる仕組みについて十分に説明を行い，より積極的な就労による保護脱却が図られる

第11章　福祉事務所をめぐる最近の政策動向等と課題

よう働きかけをお願いする。

特に、「就労可能な被保護者の就労・自立支援の基本方針について」(平成25年5月16日付け社援発0516第18号社会・援護局長通知)に基づき、同方針に基づく支援が効果的と思われる者に対しては、保護脱却に至るまで切れ目なく集中的な支援を行い、生活保護受給者の就労による自立を促すことにしており、自立活動確認書を作成する場合など生活保護受給者との面談の機会をとらえて、就労活動促進費の活用等による就労に向けた切れ目のない支援や、給付金の支給を受けられる仕組みについても十分に説明を行い、早期の保護脱却に向けて働きかけるようお願いする。

なお、就労による自立を促進するに当たっては、就労後に職場に定着していただくことが重要となる。こうした支援を行う際に、本人の状況をかえりみずに、本人の納得を得ず就労を求めることは、就労先に定着し、自立できるように促すという就労支援の本来の目的からすると適当ではないことから、本人の意思を尊重した就労支援を行っていただくことをお願いする。

(6) 自立支援プログラムの策定について

自立支援プログラムは、①管内の生活保護受給世帯全体の状況を把握し、②生活保護受給者の状況や自立阻害要因を類型化し、それぞれの類型ごとに取り組むべき自立支援の具体的内容や実施手順等を定め、③これに基づき個々の生活保護受給者に必要な支援を組織的に実施することによって、生活保護受給世帯が抱える様々な問題に対処し、これを解決するための、「多様な対応」、保護の長期化を防ぐ「早期の対応」、効率的で一貫した組織的取組を推進する「システム的な対応」を可能とするものである。各地方自治体におかれては、引き続き就労支援のほか、就労が困難な生活保護受給者に対する社会的自立の支援、居住の安定確保支援など自立支援プログラムの策定について取り組んでいただくようお願いする。

(7) 子供の貧困連鎖解消に向けた取組について

「子どもの貧困対策の推進に関する法律」に基づき、平成26年8月に「子どもの貧困対策に関する大綱」(以下「大綱」という。)が閣議決定された。大綱は、「貧困の世代間連鎖の解消と積極的な人材育成を目指す」など10の基本方針を掲げた上で、「生活保護世帯に属する子供の高等学校等進学率」など子供の貧困に関する25の指標を設定し、併せて、①教育の支援、②生活の支援、③保護者に対する就労の支援、④経済的支援など、指標の改善に向けた当面の重点施策を盛り込んでいる。

また、大綱では、生活困窮世帯や生活保護世帯に対する取組も子供の貧困対策のための重要な支援策として盛り込まれているので、引き続き、子供の学習支援事業や子供の親に対する被保護者就労支援事業の活用など子供の貧困連鎖の解消に向けた取組の推進をお願いする。

なお、前述の総務省が実施した「生活保護に関する実態調査」において、社会的な居場所づくり支援事業により実施している子どもの健全育成支援について、福祉事務所等によって事業効果の検証内容に差異があるなど、事業の改善に資する的確な事業効果の検証が困難な状況になっていると指摘を受けたところである。そのため、事業の的確な見直しを図る観点から、事業効果を検証するための指標の内容、事業効果の検証、検証結果に基づく見直しの手順・方法等の目安について別途通知の発出を予定しているのでご了知願いたい。

6）生活保護法改正と生活困窮者自立支援法等

自立支援プログラム等による取り組みを続けているものの，前述のとおり，生活保護受給者は増加を続けている。不正受給も対策を強化したことが，逆に件数の増加を招いているとも考えられ，年金の支給水準や最低賃金制度との不整合などの制度の矛盾も指摘され，国民の不公平感やモラルハザードを招いている。また，保護率の高い大都市部等においては，生活保護負担金の増加が財政全体を圧迫しているところもある。

表11-13　生活保護制度見直しに係る動向

日　時	制度見直しの検討	その他	備　考
平成22年10月	指定都市市長会「社会保障制度全般のあり方を含めた生活保護制度の抜本的改革の提案」		自治体から抜本改正の提案
平成23年4月		社会保障審議会「生活保護基準部会」設置	基準見直しの議論スタート
5月	社会保障審議会「生活保護制度に関する国と地方の協議」を開催		国と地方の議論スタート
12月	「生活保護制度に関する国と地方の協議」中間とりまとめ	生活保護受給者が過去最高を更新	①運用改善（速やかに実施）②制度見直し（引き続き検討）に分けて整理
平成24年4月	社会保障審議会「生活困窮者の生活支援の在り方に関する特別部会」設置		制度見直しの審議会議論スタート
8月		社会保障制度改革推進法案成立	生活保護制度の見直しを早急に実施すべき旨を規定
平成25年1月	生活困窮者の生活支援の在り方に関する特別とりまとめ	生活保護基準部会報告書とりまとめ	ほぼ同時期にとりまとめ
5月	生活保護法の一部を改正する法律案及び生活困窮者自立支援法を第183回通常国会に提出		衆議院では可決するも，参議院では審議未了により廃案
10月	2法案を第185回臨時国会に再提出		
12月	2法案成立		

出所：「全国福祉事務所長会議（平成26年5月20日）資料」。

第11章 福祉事務所をめぐる最近の政策動向等と課題

> 必要な人には確実に保護を実施するという基本的な考え方を維持しつつ，今後とも生活保護制度が国民の信頼に応えられるよう，就労による自立の促進，不正受給対策の強化，医療扶助の適正化等を行うための所要の措置を講ずる。

主な改正内容

1. 就労による自立の促進
   ○ 安定した職業に就くことにより保護からの脱却を促すための給付金を創設する。
2. 健康・生活面等に着目した支援
   ○ 受給者それぞれの状況に応じた自立に向けての基礎となる，自ら，健康の保持及び増進に努め，また，収入，支出その他生計の状況を適切に把握することを受給者の責務として位置づける。（※）
3. 不正・不適正受給対策の強化等
   ○ 福祉事務所の調査権限を拡大する（就労活動等に関する事項を調査可能とするとともに，官公署の回答義務を創設する。）。
   ○ 罰則の引上げ及び不正受給に係る返還金の上乗せをする。
   ○ 不正受給に係る返還金について，本人の事前申出を前提に保護費と相殺する。
   ○ 福祉事務所が必要と認めた場合には，その必要な限度で，扶養義務者に対して報告するよう求めることとする。
4. 医療扶助の適正化
   ○ 指定医療機関制度について，指定（取消）に係る要件を明確化するとともに，指定の更新制を導入する。
   ○ 医師が後発医薬品の使用を認めている場合には，受給者に対し後発医薬品の使用を促すこととする。（※）
   ○ 国（地方厚生局）による医療機関への直接の指導を可能とする。

施行期日 平成26年7月1日（一部（※）平成26年1月1日）

図 11-2 生活保護法の一部を改正する法律案について（概要）

注：第183回国会政府提出案からの修正点
・同国会（衆議院厚生労働委員会）における議員修正（保護申請に係る取扱いは現行と変わらない旨を明確化）の反映
・施行期日の変更（3か月後ろ倒し）
出所：厚生労働省ホームページ（http://www.mhlw.go.jp/topics/bukyoku/soumu/houritu/dl/185-06.pdf, 2015年11月20日アクセス）。

　一方で，わが国は，相対的貧困率，子どもの貧困率ともOECD加盟国の中では高いという問題もある。

　何よりも，現行生活保護法は，1950（昭和25）年に当時の社会経済情勢に対応する形で制定された後，大きな改正は行われてこなかったため，現在の社会経済情勢の変化に対応できていないことも指摘された。

　このため，おおむね表11-13のような経過で「生活保護法の一部を改正する法律」（平成25年法律104号）と「生活困窮者自立支援法」（平成25年法律105号）が2013（平成25）年12月に成立した。また，これに先立って，「子どもの貧困対策の推進に関する法律」（平成25年法律第64号）も成立した。それぞれの概要は，図11-2～4のとおりである。

```
    生活保護に至る前の段階の自立支援策の強化を図るため，生活困窮者に対し，自立相談支援事業の
   実施，住居確保給付金の支給その他の支援を行うための所要の措置を講ずる。
```

法案の概要

1. 自立相談支援事業の実施及び住居確保給付金の支給（必須事業）
   ○ 福祉事務所設置自治体は，「自立相談支援事業」(就労その他の自立に関する相談支援，事業利用のための
     プラン作成等）を実施する。
     ※ 自治体直営のほか，社会福祉協議会や社会福祉法人，NPO等への委託も可能（他の事業も同様）。
   ○ 福祉事務所設置自治体は，離職により住宅を失った生活困窮者等に対し家賃相当の「住居確保給付金」（有期）
     を支給する。
2. 就労準備支援事業，一時生活支援事業及び家計相談支援事業等の実施（任意事業）
   ○ 福祉事務所設置自治体は，以下の事業を行うことができる。
     ・就労に必要な訓練を日常生活自立，社会生活自立段階から有期で実施する「就労準備支援事業」
     ・住居のない生活困窮者に対して一定期間宿泊場所や衣食の提供等を行う「一時生活支援事業」
     ・家計に関する相談，家計管理に関する指導，貸付のあっせん等を行う「家計相談支援事業」
     ・生活困窮家庭の子どもへの「学習支援事業」その他生活困窮者の自立の促進に必要な事業
3. 都道府県知事等による就労訓練事業（いわゆる「中間的就労」）の認定
   ○ 都道府県知事，政令市長，中核市長は，事業者が，生活困窮者に対し，就労の機会の提供を行うとともに，就
     労に必要な知識及び能力の向上のために必要な訓練等を行う事業を実施する場合，その申請に基づき一定の基準
     に該当する事業であることを認定する。
4. 費用
   ○ 自立相談支援事業，住居確保給付金：国庫負担3／4
   ○ 就労準備支援事業，一時生活支援事業：国庫補助2／3
   ○ 家計相談支援事業，学習支援事業その他生活困窮者の自立の促進に必要な事業：国庫補助1／2

施行期日 平成27年4月1日

図11-3　生活困窮者自立支援法案について（概要）

出所：図11-2と同じ。

　生活保護法の改正のポイントは，不正・不適正受給対策の強化（地方自治体の調査権限強化，就労指導の強化，返還金の上乗せ等），医療扶助の適正化（医療機関が受給者に対し後発医薬品の使用を促すことの法制化等），生活保護受給者の就労・自立の促進（就労自立給付金の創設等）である。

　生活困窮者自立法のポイントは，利用者の状況に応じて最適な支援策を早期・包括的に提供する自立相談支援事業の創設，離職により住まいを失った人等に対して家賃相当の住居確保給付金（有期）の支給，生活訓練や社会訓練等を含む就労支援策の創設，生活困窮家庭の子どもへの学習支援等の実施である。

　子どもの貧困対策の推進に関する法律は，2009（平成21）年の子どもの貧困率15.7％，ひとり親世帯等の貧困率50.8％を，2021（平成33）年までに，それぞれ10％未満，35％未満にすることを目指し，教育及び教育費に関する

第11章　福祉事務所をめぐる最近の政策動向等と課題

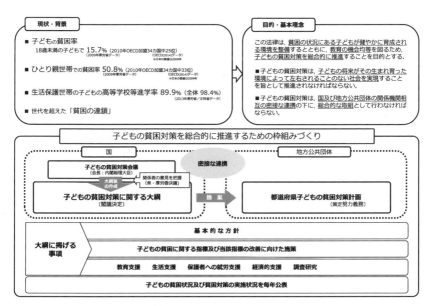

図 11-4　子どもの貧困対策の推進に関する法律について（平成25年法律第64号）
出所：図 11-2と同じ。

支援，乳幼児期からの早期対応の充実，貧困状況にある子ども・親に対するサポートシステムの構築，親の就労に関する支援等を行うものである。

2　福祉事務所運営における諸課題

　前節の動向を踏まえ，福祉事務所と自治体に求められている運営における課題点を整理する。

1）「利用」の支援等

　前節に前述したとおり，介護保険法の施行といわゆる社会福祉基礎構造改革の具現化により，高齢者等に対する介護サービス，障害者（児）に対する

213

福祉サービスの多くが，原則的として利用者が各自の責任のもとに利用したいサービスを選択し，契約により利用する制度となった。

しかしながら，わが国の社会福祉は，昭和20年代にその枠組みを形成して以来，長年にわたり，「行政の措置」として実施されてきており，「与えられるもの」であった。利用者に「選んで利用」と言っても，自分の居住する自治体にどれだけのサービスが整備され，個々のサービスについてどれだけの事業者が進出しているのか等については，ほとんどは承知していないのが現実であろう。介護保険のケアマネジメントの機能等を有効に活用してもらい，利用をどのよう支援し，保障していくのかが課題となっている

また，いわゆるコムスン事件に象徴されるような，市場原理を導入した結果の負の側面も存在する。こうした教訓を今後に活かしていくことが求められている。

2）措置の確実な実施

表11-9に，「今日の被保護世帯は，傷病・障害，精神疾患等による社会的入院，DV，虐待，多重債務，元ホームレスなど多様な問題を抱えており」との記載もあるように，生活保護の決定，実施に加え，保護施設の入所等「行政の措置」として継続されているサービスの重要性は，いささかも減じてはいない。

社会的弱者等の生活を，どのようにして保障していくのかが求められている。

3）自治体における多種多様な自立支援への対応

表11-12に列記したとおり，生活保護だけでも，自立支援プログラムを策定しての支援をはじめ，就労支援を中心としながらも，多様な自立支援の展開が求められている。

また，生活保護法の改正に伴い，②不正・不適正受給対策の強化等の一環

として，福祉事務所が必要と認めた場合には，その必要な限度で，扶養義務者に対して報告するよう求めることとなったこと，②同じく不正・不適正受給対策の強化等の一環として，福祉事務所の調査権限が拡大されたこと，③就労による自立の促進のために創設された「就労自立給付金」等をどのように実施していくのかも課題となっている（図11-2）。

さらに，生活困窮者自立支援法の施行に伴い，福祉事務所設置自治体には，少なくとも「自立相談支援事業」と「住居確保給付金の支給」を実施することが求められている。

4）実施体制の整備

第2章，第3章に前述したとおり，福祉事務所の実施体制については，現業員と査察指導員については，社会福祉主事が任用資格とされている。また，所員数については，社会福祉法において被保護世帯数を基数とする現業員の配置の「標準数」が示され，他のいわゆる福祉五法については，予算措置により現業員の配置に対する措置が取られてきた。また，査察指導員については，「社会福祉事業法の施行について」（昭和26年発社第56号）により「現業員7名につき1名」とされている。

しかしながら，「平成21年福祉事務所現況調査の概要」によれば，社会福祉主事資格取得率は，査察指導員が69.7％，現業員が67.5％となっている（生活保護担当に限定すれば74.6％と74.2％）。

一方，生活保護担当現業員の充足状況は，2012（平成24）年4月現在，88.8％となっている（第14回社会保障審議会生活保護基準部会資料，平成25年10月4日）。

このように，依然として，表11-9にも指摘されているような質，量いずれの側面でも課題が見られる。

厚生労働省も，2009（平成21）年度以降，近年の生活保護受給世帯の増加や生活保護制度の見直し等を考慮し，地方交付税による措置により，毎年増

員を図っている。2015（平成27）年度は，地方交付税算定上の標準（都道府県：人口20万人，市町村：人口10万人）においては，①現業員は，道府県23人，市町村16人，②査察指導員は，道府県4人，市町村3人とされている（社会・援護局保護課「社会・援護局関係主管課長会議資料」，平成27年3月9日）。

しかしながら，結局の所，福祉事務所設置自治体の財政状況等の問題もあり，課題は残されたままである。

5）福祉事務所の再編

前述のとおり，福祉事務所のあり方をめぐっては，昭和40年代の見直し議論は具体化せず，平成に入っての地方分権の推進，社会基礎構造改革等を経ても，これらを踏まえての福祉事務所のあり方や社会福祉主事制度に係る抜本的な見直しは俎上にのぼっていない。

最近，「誰もが支え合う地域の構築に向けた福祉サービスの実現－新たな時代に対応した福祉の提供ビジョン」（平成27年9月17日，厚生労働省新たな福祉サービスのシステム等のあり方検討プロジェクトチーム）が提示され，「分野を問わない包括的相談支援の実施（全世代・対象型地域包括支援）」「地域の実情に見合った総合的なサービス提供体制の確立」が提起された。これを具現化させていくためには，当然，ここでのサービス供給体制における行政の役割が明確化されていく必要がある。

その際には，改めて福祉事務所の再編や社会福祉主事資格のあり方を検討していく必要がある。

参考文献
岩田正美他編（2003）『社会福祉の原理と思想』有斐閣。
武藤博己（1997）『生活保護と地方分権』全日本自治団体労働組合。
元田宏樹（2013）「福祉事務所における職員の現況と課題」『公共政策志林』法政大学大学院公共政策研究科。

巻末資料

表巻 -1　福祉事務所数の推移

	1951年(昭和26)	1955年(昭和30)	1960年(昭和35)	1965年(昭和40)	1970年(昭和45)	1975年(昭和50)	1980年(昭和55)	1985年(昭和60)	1990年(平成2)
総数	809	1021	1010	1046	1041	1140	1162	1175	1184
郡部	475	452	367	381	348	343	343	344	340
市部	332	568	641	663	691	793	815	827	841
町村	2	1	2	2	2	4	4	4	3

	1995年(平成7)	2000年(平成12)	2003年(平成15)	2004年(平成16)	2005年(平成17)	2006年(平成18)	2008年(平成20)	2009年(平成21)	2010年(平成22)
総数	1191	1200	1212	1225	1227	1233	1237	1242	1237
郡部	338	341	333	328	293	246	228	226	214
市部	850	855	875	892	930	979	989	989	992
町村	3	4	4	5	4	8	20	27	31

資料：厚生省社会・援護局企画課監修『最新全国福祉事務所便覧』1996年（全国社会福祉協議会），厚生統計協会編『国民の福祉の動向』各年版，2006（平成18年）年は，全国福祉事務所会議資料，2008年と2010年は厚生労働省ホームページ掲載の各年4月1日現在の数，2009年は「平成21年度福祉事務所現況調査」による。

表巻 -2　管内人口構成比の推移

	総数	5万人未満	5万人以上20万人未満	20万人以上
1965（昭和40）年	100.0	33.1	57.6	9.3
1970（昭和45）年	100.0	31.9	56.3	11.8
1975（昭和50）年	100.0	31.7	57.5	10.8
1980（昭和55）年	100.0	30.0	58.3	11.7
1985（昭和60）年	100.0	28.5	59.9	11.6
1990（平成2）年	100.0	24.8	64.2	11.0
1995（平成7）年	100.0	27.5	60.5	11.8
2000（平成12）年	100.0	28.0	59.5	12.5
2003（平成15）年	100.0	28.5	59.2	12.3
2004（平成16）年	100.0	29.4	58.6	12.0
2009（平成21）年	100.0	32.7	53.9	13.4

資料：厚生省社会・援護局企画課監（1996）『最新全国福祉事務所便覧』全国社会福祉協議会，厚生統計協会編『国民の福祉の動向』各年版，2009年は「平成21年度福祉事務所現況調査」より計算した。

表巻-3　各種職種別所員数の推移

	1990年 (平成2)	1995年 (平成7)	2001年 (平成13)	2003年 (平成15)	2004年 (平成16)	2009年 (平成21)
所長	1184	1191	1195	1212	1226	1258
次長	440	526	687	739	752	739
課長	1916	2519	3034	3359	3449	3827
(上記のうち査察指導員兼任者)	387	356	338	334	340	242
(上記のうち査察指導員を兼任していない者)	1529	2163	2696	3025	3109	3585
係長，課長補佐	5022	6993	8610	9482	9834	10711
(上記のうち査察指導員兼任者)	2190	2155	2247	2274	2352	2125
(上記のうち査察指導員を兼任していない者)	3832	4838	6363	7208	7482	8586
査察指導員 (課長，係長以外)	291	279	265	309	305	827
現業員	15811	15930	17371	9975	19581	18838
(上記のうち生活保護担当)	9986	9141	9932	1937	11372	13881
(上記のうち二法担当)		536	546	392	359	
(上記のうち五法担当)	5498	5816	6380	7018	7185	
(上記のうち面接相談員　専任)	327	437	513	628	665	
身体障害者福祉司 (専任)	193	92	59	77	80	
知的障害者福祉司 (専任)	119	95	82	75	79	
老人福祉指導主事 (専任)	180	147	82	84	90	
家庭児童福祉主事 (専任)	46	42	27	29	27	
福祉六法事務職員	5485	5732	5835	6550	6683	
嘱託医	2067	2289	2866	2847	2922	

資料：厚生省社会・援護局企画課監 (1996)『最新全国福祉事務所便覧』全国社会福祉協議会，厚生統計協会編『国民の福祉の動向』各年版，2009年は「平成21年度福祉事務所現況調査」より比較できるデータを掲載した。

索　引

あ行

アセスメント（事前・初期評価）　143, 152
アドボカシー　132
アドミニストレーション機能　180
医学モデル　135
医療機関　76
インテーク（受理面接）　143, 152
ウェルビーイング　178
運用上の原則　161
NPO　81
　──法（特定非営利活動促進法）　81
エンパワメント　8, 132, 145, 188
　──・アプローチ　188
OJT　98

か行

介護保険　173
　──制度　187
カウンセリング　142
キー・パーソン　73
機関委任事務　12
基準及び程度の原則　162
技能ボランティア　82
逆感情転移　131
救護施設　191
救護法　17, 18, 21
救済ナラビニ福祉計画ニ関スル件　16
救済福祉ニ関スル件　18, 19, 20
旧生活保護法　17, 21
給付・対人サービス機能　180
共同生活援助　175
共同生活介護　175
グループホーム　78, 175

軍事扶助法　17, 18

郡部福祉事務所　45, 54
ケア付き住宅　78
ケアプラン　152
ケアホーム　175
ケアマネジメント　141, 149
ケアマネジャー　187, 188
ケース会議　187, 188, 191
ケースワーカー　6, 97
現業員　6, 17, 56, 94, 96
　──の「法定数」　57
　──の標準数　56
現業機関　10, 11
現業を行う所員　12, 17
現実性の原理　111
現任訓練　99
厚生行政6原則　26
厚生省（現厚生労働省）　24
国民年金　173, 186
個人情報　126
国家責任の原理　160
子どもの貧困対策の推進に関する法律　211
コンサルテーション　142

さ行

最低生活保障の原理　160
査察指導員　6, 12, 17, 56, 94, 98
　──の業務　58
ジェネリック・ケースワーカー　35
ジェネリック・ソーシャルワーク　137
COS　134
市区町村社会福祉協議会　79
自己覚知　131

221

慈善組織協会　*133*
自治事務　*12*, *13*
実験福祉事務所制度　*43*
実施機関　*10*, *11*, *22*
実施権限　*10*
実施責任　*10*, *11*
児童委員　*87*
指導監督を行う所員　*12*, *17*, *94*, *97*
児童相談所　*75*
児童手当　*164*, *184*
児童福祉司　*75*
児童福祉法　*10*, *16*
市部福祉事務所　*45*, *54*
児童扶養手当　*167*, *184*
事務を行う所員　*12*
社会救済　*18*, *21*
社会資源　*73*
社会性の原理　*110*
社会的入院者　*193*
社会統合（social integration）　*5*, *6*, *8*, *10*
社会福祉協議会　*79*
社会福祉士の倫理綱領　*117*
社会福祉主事　*16*, *17*, *25*
　　――資格の有資格率　*66*
　　――の設置に関する法律　*25*
　　――の地位の二重性　*105*
社会福祉の目的　*5*
社会福祉法（旧社会福祉事業法）　*11*, *12*, *16*, *17*
社会保障制度審議会　*23*
社会保障制度に関する勧告　*31*
ジャーメイン．C　*136*
就職支援ナビゲーター　*164*
就労活動促進費　*172*, *185*
就労支援　*191*
　　――員　*171*
　　――サービス　*175*
　　――相談員　*185*

就労自立給付金　*171*
就労自立給付金申請　*184*
主体性の原理　*110*
恤救規則　*17*
主任児童委員　*87*
障害者総合支援法　*174*, *191*, *194*
小事務所制　*62*
自立概念　*7*
自立活動確認書　*172*, *185*
自立支援　*5*, *6*, *8*, *9*, *10*, *180*
自立支援プログラム　*13*, *90*, *155*, *204*
自立訓練　*175*
自立生活訓練　*191*
自立の助長　*155*
申請保護の原則　*161*
迅速性　*4*
身体障害者更生相談所　*74*
身体障害者福祉司　*6*, *12*, *74*, *81*, *95*
身体障害者福祉法　*16*
新福祉事務所運営指針　*40*
ストレングス　*188*
スーパーバイザー　*94*
スーパービジョン　*141*
生活困窮者緊急生活援護要綱　*18*
生活困窮者自立支援法　*13*, *181*, *210*
生活の質　*7*, *146*
生活福祉資金貸付制度　*80*
生活保護　*159*, *182*, *190*
　　――事務担当の査察指導員　*96*
　　――受給者等就労自立促進事業　*164*, *170*, *184*, *208*
　　――制度の改善強化に関する勧告　*23*
　　――法　*10*, *12*, *16*
　　――改正　*210*
　　――法の基本原理　*160*
生活モデル　*136*
生活問題　*72*
精神科病院　*190*, *191*, *192*

索　引

精神障害者　193
精神保健福祉法　194
世帯単位の原則　162
セルフヘルプ・グループ　140
全国社会福祉協議会　79
専任規定　57
全体性の原理　109
総合性　4
総合的アプローチ　105
ソーシャル・アクション　79
ソーシャルサポート・ネットワーク　141
ソーシャルワーカー　6, 97
ソーシャルワーカーの倫理綱領　115
ソーシャルワーク専門職のグローバル定義　178

た行

第三者評価　181
大事務所制　62
対処能力　130
誰もが支え合う地域の構築に向けた福祉サービスの実現——新たな時代に対応した福祉の提供ビジョン　13, 216
地域性　3
チームアプローチ　151
知的障害者更生相談所　74
知的障害者相談員　81
知的障害者福祉司　6, 12, 75, 96
地方公務員の倫理規範　123
地方公務員法における服務に関する規定　125
デイケア　176, 192
デイサービス　187
東京都における社会福祉専門職制度のあり方に関する中間答申　39
都道府県社会福祉協議会　79
特別養護老人ホーム　173, 189
特定疾患　186

——の認定　186

な行

二重の焦点（dual focus）　179
ネットワーク　151

は行

バイスティック. F　146
ハローワーク　182
パールマン. H　135
PSW　190
必要即応の原則　162
被保護者就労支援事業　171, 185, 206
被保護者就労準備支援事業　207
福祉関係八法改正　45
福祉五法担当現業員　40
福祉三法　63
福祉事務所運営指針　35
福祉事務所の所掌事務　54
福祉事務所の設置　52
福祉事務所の標準的組織図　59
福祉事務所の名称　53
福祉センター構想　42
福祉地区　29, 65
福祉に関する事務所　17
福祉六法　54
婦人相談員　75
婦人相談所　75
フロイト. S　135
保育園　184
法定受託事務　12, 13, 70
保健所　76
保護施設　24
保護の補足性の原理　161
母子保護法　17, 18
補助機関　22
補助執行　11
ホームヘルパー　176

ボランティア　*82*

ま・や行

民生安定所　*30*
民生委員　*24, 86, 187, 188*
　　──協議会　*86*
無差別平等の原理　*160*
無料低額宿泊所　*158, 182*
面接相談員　*131*
モニタリング　*144, 152*
問題解決能力　*179*
養護老人ホーム　*173, 188*

ら行

ラポール　*132*
ランク.O　*135*
リッチモンド.M　*134*
連携　*72*
老人福祉指導主事　*6, 12, 96*
老人福祉法　*190*
　　──等の一部を改正する法律　*45*
老人ホーム　*188*
6項目提案　*26*

≪執筆者紹介≫

宇山勝儀（うやま・かつよし）　編者，第1章，第7章，第11章

船水浩行（ふなみず・ひろゆき）　編者，第1章，第2章，第7章，第9章，第11章，巻末資料

平野方紹（ひらの・まさあき）　埼玉自治体問題研究所理事長　第3章

坪内千明（つぼうち・ちあき）　東洋英和女学院大学教授　第4章，第6章

上野純宏（うえの・すみひろ）　元・東京都民生（児童）委員連合会事務局長　第5章

藏野ともみ（くらの・ともみ）　大妻女子大学教授　第8章

稗田里香（ひえだ・りか）　武蔵野大学教授　第10章（共著）

土屋昭雄（つちや・あきお）　群馬医療福祉大学短期大学部教授　第10章（共著）

内田佳孝（うちだ・よしたか）　座間市子ども未来部長　第10章（共著）

《編著者紹介》

宇山勝儀（うやま・かつよし）元・群馬医療福祉大学大学院教授，2012年6月逝去
著　作　『大辞林』（共著，三省堂）『新しい社会福祉の法と行政　1～4版』（単著，光生館）『社会福祉通論30講』（共著，同）『社会福祉施設経営論』（編著，同）『新しい社会福祉の焦点』（共編著，同）『社会福祉概論』（共編著，同）『社会福祉を志す人のための法学』（共編著，同）『福祉サービスの基礎知識』（共編著，自由国民社）『社会福祉制度』（共編著，中央法規出版）その他
論　文　「民間社会福祉事業に対する行政監督の態様と効果」（『社会福祉研究』鉄道弘済会）「こころの時代のケアの視点」（『総合ケア』医歯薬出版）「社会福祉行政活動の諸類型」，「日本国憲法と社会福祉」（大妻女子大学人間関係学部紀要）「律令における障害者福祉法制の現代法との比較考察」（『リハビリテーション研究』日本障害者リハビリテーション協会）「社会福祉事業の経営における効率と倫理」，「社会福祉事業の経営とステークホルダーマネジメント」（『群馬社会福祉論叢』）その他

船水浩行（ふなみず・ひろゆき）東海大学教授
著　作　『社会福祉』（共著，医療システム研究所）『社会福祉援助技術総論』（共著，黎明書房）『介護保険実務ハンドブック』（共著，医療システム研究所）『社会福祉基礎シリーズ17　ソーシャルワーク実習』（共著，有斐閣）『Nブックス　社会福祉概論』（共著，建帛社）『学びやすい社会福祉法制度』（共著，金芳堂）『福祉臨床シリーズ5　臨床に必要な公的扶助—公的扶助論』（共著，弘文堂）その他
論　文　「福祉事務所の機能と組織改革問題～青森県「新福祉事務所構想」を中心として～」（帝京学園短期大学研究紀要第3号）「わが国生活保護制度の実施体制のあり方に関する考察(1)～現行生活保護法制定過程における「最低生活保障」と「自立の助長」」（東海大学健康科学部紀要第5号）「わが国生活保護制度の実施体制のあり方に関する考察(2)～福祉事務所発足の過程とその課題」（東海大学健康科学部紀要第6号）「生活保護とその実施体制を巡る動向と課題」（『現代社会福祉学の理論と実践～原田信一教授古稀記念論文集』）その他

福祉事務所運営論［第4版］

		〈検印省略〉
2005年10月20日	初　版第1刷発行	
2006年12月20日	初　版第3刷発行	定価はカバーに
2007年10月10日	第2版第1刷発行	表示しています
2011年3月30日	第3版第1刷発行	
2016年4月20日	第4版第1刷発行	
2023年2月20日	第4版第5刷発行	

編著者	宇　山　勝　儀 船　水　浩　行
発行者	杉　田　啓　三
印刷者	田　中　雅　博

発行所　株式会社　ミネルヴァ書房
607-8494　京都市山科区日ノ岡堤谷町1
電話　(075) 581-5191（代表）
振替口座　01020-0-8076番

©宇山勝儀・船水浩行, 2016　　　創栄図書印刷・藤沢製本

ISBN978-4-623-07669-7
Printed in Japan

社会福祉小六法
［各年版］
ミネルヴァ書房編集部編
四六判／1432頁／本体1800円

ミネルヴァ社会福祉六法
［各年版］
野崎和義監修　ミネルヴァ書房編集部編
四六判／1572頁／本体2800円

社会福祉用語辞典
［第9版］
山縣文治・柏女霊峰編集委員代表
四六判／424頁／本体2200円

——— ミネルヴァ書房 ———
https://www.minervashobo.co.jp/